MAREA BAJA

MAREA BAJA

WITHDRAWN

DANTE GEBEL

HarperCollins *Español*

Editora en Jefe: *Graciela Lelli*
Edición: *Madeline Díaz*
Diseño interior: *Grupo Nivel Uno, Inc.*

ISBN: 978-1-41859-782-5

Impreso en Estados Unidos de América
Printed in the United States of America

18 19 20 21 22 LSC 9 8 7 6 5 4 3 2 1

Dedico este libro a mis amigos de siempre.
A los que saben que con la edad me he vuelto más provocador,
un tanto rebelde y descarnadamente auténtico.
Y aun así, como suele suceder con los buenos amigos,
no les importa.

CONTENIDO

AGRADECIMIENTOS

Un agradecimiento especial a mi amigo incondicional de tantos años, mi querido **Omar Herrera**. Sin tu ayuda, Dios sabe que no lo hubiera logrado. Te llamé una noche en la que estabas en Cancún (qué buena vida tienes, amigo) y te pedí que me ayudaras con este proyecto. Empezaste dándome una mano esa misma noche, luego te fuiste a Orlando y antes de recalar en tu Patagonia natal, ya habías trabajado noches completas para honrar nuestra amistad de tantos años. Créeme que jamás lo olvidaré.

Nos conocimos hace mucho tiempo y todavía me sigue asombrando tu lealtad, sencillez y generosidad.

Aún recuerdo con cierta nostalgia aquellas madrugadas en que nos quedábamos en tu casa del sur, hablando hasta muy tarde acerca de nuestros sueños. En aquel entonces yo era muy joven y tú eras un bautista acartonado. Años después, parte de eso ha cambiado... ¡en lo que a mí respecta, ya no soy tan joven! Dejando a un lado las bromas, gracias Omar por la genialidad de tu pluma y tu talento en esta obra. Eres de esos amigos de antes, de los que ya no abundan ni se encuentran a la vuelta de la esquina.

Le debo otro profundo agradecimiento a **Martín Guerra**. Eres de esos genios que unos pocos afortunados nos encontramos una sola vez en la vida. Te descubrí hace relativamente poco, pero rápidamente te convertiste en mi escritor favorito. Tienes un registro tan amplio y eres tan ecléctico a la hora de escribir, que puedes hacerme reír a carcajadas o conmoverme hasta las lágrimas. No es casual que seas el guionista obligado de grandes cómicos y celebridades del mundo del espectáculo. Así como tu incomparable talento me ha acompañado en *Dante Night Show*, estoy seguro de que compartiremos muchos proyectos juntos. Admiro tu pragmatismo, lo fácil que resuelves todo. Apenas te pedí ayuda, me dijiste: «Bueno, saquemos este proyecto adelante y luego hablamos». Verte escribir es como ver bailar a Fred Astaire. ¡Haces que parezca muy fácil! Desde lo profundo del corazón, gracias.

Por último, aunque no menos importante, quiero darle todo mi agradecimiento al querido **Andrés Miranda**, a quien respeto profundamente y cuyos libros devoro. Gracias por los capítulos que me regalaste y por tu colaboración desinteresada. Posees la sencillez de los grandes autores y dominas la prosa de un modo asombroso. Te lo he dicho cuando hablamos: no suelo leer con voracidad a cualquier autor, pero tú eres una de esas excepciones. Honras este proyecto al prestarme un poquito de tu creatividad y ese don maravilloso que Dios te ha regalado. Gracias por creer en este proyecto y aunque todavía no hemos compartido un buen asado rioplatense juntos, nos lo debemos, mi querido uruguayo.

INTRODUCCIÓN

El GPS (Sistema de Posicionamiento Global) es una red de veinticuatro satélites que el Departamento de Defensa de los Estados Unidos ha puesto en órbita. Estos satélites rodean a la tierra y transmiten señales hacia ella.

Tal sistema fue concebido para usos militares, pero en la década de 1980 el gobierno dispuso que también fuera de uso civil. El mismo funciona en todo el globo, bajo cualquier condición climática, las veinticuatro horas, los trescientos sesenta y cinco días del año. Y no hay cargos al utilizarlo.

Por definición, en el sentido estricto, el satélite establece un punto fijo por medio del cual alguien puede determinar su dirección y destino.

Cuando pienso en este maravilloso invento, las preguntas obligadas que se disparan en mi mente son:

¿Cuál sería el punto fijo para saber dónde está nuestra vida?

¿Cuál es nuestro lugar en el mundo?

¿A qué le llamamos hogar?

Esos y otros interrogantes me llevaron a escribir el libro que tienes en tus manos.

Por décadas nos han enseñado que no hay que mirar demasiado hacia atrás, pero si no tienes un punto fijo, un lugar a donde regresar con cierta nostalgia, es probable que tampoco puedas llegar a ninguna parte. Necesitas un punto de partida para tener un sitio de llegada.

El propio Señor Jesucristo dijo: «Sé de dónde he venido y a dónde voy» (Juan 8.14). Lo cual implica que, si perdemos de vista nuestros orígenes, puede que también perdamos de vista nuestra identidad.

Sabes de lo que hablo, ¿verdad?

Estás en casa, pero no sientes que sea tu hogar. Las casas caras no siempre son un hogar cálido. Tal vez no estés perdido geográficamente, pero lo estás desde el punto de vista emocional.

Un querido amigo suele expresarlo de esta manera: «Tienes comida, pero así y todo tienes hambre del alma. Estás rodeado de todo, pero te sientes vacío. Tienes un hogar, pero sientes como si no tuvieras techo. Tienes familia, pero no te sientes conectado. Tienes un montón de amistades, pero no amigos verdaderos. Eso es un corazón sin techo».

Cualquier persona puede ser un corazón sin techo, incluso tu propio hijo. Por cierto, nosotros tenemos cuatro, dos de ellos aún pequeños.

Jason, de nueve años, es sentimental y preguntón, y a medida que crece ambas cualidades se hacen más notorias. ¡Él no concibe la idea de que mi infancia haya transcurrido sin iPod, Netflix, celular ni televisión a color!

—¿Y qué se supone que hacías todo el día? ¿De verdad no existía Internet? —me preguntó incrédulo hace un año, imaginando que fui un náufrago perdido en alguna isla remota.

—No, hijo.

—¿Y como hacías la tarea del colegio?

Fue inútil tratar de explicarle que por aquellos días había que investigar, escribir mucho, caminar hasta la biblioteca pública, pedir prestado manuales, recortar periódicos y, a lo sumo, sacar fotocopias.

Sí, yo fui un niño mucho antes de que Google existiera. El «copia y pega» me habría resuelto gran parte de mi vida escolar, pero ni siquiera existía en la más remota mente de nadie en nuestra época.

Es por eso que me convencí de que debía escribir un libro así. Exactamente la idea surgió cuando me percaté de que nuestros hijos no valoran las cosas que nosotros alguna vez valoramos, o por lo menos no tienen ninguna noción de aquellas cosas maravillosas que formaron parte de nuestra infancia.

La ética de trabajo.

La honra a nuestros viejos.

Esperar por un regalo durante años.

Saber que en casa todo costaba el doble.

El valor de la palabra y el honor.

La verdadera amistad.

Ser feliz solo por poder sentarnos a la misma mesa.

Aquellas historias sencillas que nos marcaban para siempre.

Es probable que nuestros hijos sepan el precio de algunas cosas, pero quizá desconozcan el valor de otras tantas.

Marea baja es de alguna manera el torpe intento de este autor de que volvamos a conectarnos con lo que realmente importa. Con aquellos valores que nunca deberían haber pasado de moda.

Estoy consciente de que «hogar» no es una buena palabra para todos. Tal vez dispara recuerdos de una persona abusadora, el hambre o la orfandad. Sin embargo, hablo de encontrar el camino a quien realmente eres.

He compilado en esta obra unas cincuenta y seis historias que puedes leer en el orden que quieras. Tal ves quieras empezar por el principio del libro, de atrás hacia delante, por el medio o donde lo abras.

¡Ahora que lo pienso, me encantan los libros así!

Aunque las pequeñas historias no son continuas, sin duda todas te llevan al mismo sitio: a la nostalgia de lo que fue, lo que pudo ser, o quizá lo que debió haber sido.

Si leíste *El amor en los tiempos del Facebook*, te va a encantar este libro. Es como un antecedente de aquellas historias románticas. Un poco antes de que nos enamoráramos y un poco después de que nos diéramos cuenta de que ya habíamos crecido.

Ten en cuenta que aquel niño que fuimos determinó el destino del adulto en el cual hoy nos hemos transformado. Podemos tratar de no pensar en él, enojarnos, extrañarlo o maldecir los días de la niñez, que tal vez habríamos preferido que hubiesen sido diferentes. Sin embargo, estoy convencido de que no podemos ignorar a ese niño que alguna vez fuimos.

¿Te confieso algo? Si *Marea baja* logra llevarte a un viaje por el pasado, te provoca añoranza, te conmueve o simplemente dibuja una sonrisa en tu rostro, significa entonces que debajo de la piel de ese adulto hay un niño que sobrevivió.

CAPÍTULO 1

MAREA BAJA

Finalmente estoy en mi cabaña, frente al faro, en algún lugar del mundo. Nadie sabe dónde queda, aquí no llegan las cartas y tampoco nadie toca a la puerta. Puedo desaparecer, literalmente.

Salgo en busca de provisiones de tanto a tanto al inhóspito pueblito aledaño, pero nadie me conoce, solo me saludan por cortesía. Soy el extranjero que camina con sombrero, pantalones cortos y gafas.

No puedes ver mi reducto desde la carretera a menos que sepas que está ahí, escondido en medio del espeso bosque, frente al inmenso Pacífico. De un lado se encuentra la espesura de los árboles y del otro el océano. No tengo vecinos, solo algunas gaviotas y las incansables tortugas marinas que me visitan cada mañana frente al pequeño muelle flotante con mi barquito, que me lleva por los canales a buscar pescado fresco apenas raya el alba.

Mi silla se queja, aunque es nueva. Como todas las tardes, cabalga sobre mi hombro solo los pocos metros que tengo que viajar desde mi pequeña cabaña hasta donde rompen suaves las olas del soberbio mar.

Hoy no necesito más. Ya no volaré afanándome a geografías lejanas, buscando adrenalina y tesoros que ya no están. Solo necesito una cabaña, mi escritorio, el faro y la chimenea. Y si el clima lo permite, una silla y estar más cerca de mi océano.

El sol se va. Sus últimos vestigios de vida luminosa luchan por no desaparecer allá donde el cielo se junta con el mar. Mi silla tiene unos caños negros y una noble loneta de colores café. Solo quiero esa silla para volverla a desplegar.

«Sí», me digo a mí mismo, «esto ya es un ritual». Necesito tenerlo, quiero tenerlo. Enciendo una antorcha a cada lado y dejo que la brisa marina las haga flamear suavemente. Saboreo una copa de un buen y añejado vino tinto. El mar no falta a la cita y yo no lo quiero defraudar. Mil veces imaginé este preciso momento que es diferente, único y hasta terminal.

Mis años se han ido y no puedo negar que a muchos de ellos los enterró en sus abismos el soberbio mar. Mis fuerzas y mi voluntad siempre jóvenes y listas para arrasar con todo ya son solo un recuerdo que emociona, que se percibe a la distancia, y su sola vista me arranca lágrimas, porque solo deseo pensar y no parar de reflexionar. (Que conste que apenas tengo cincuenta años y me siento como de treinta, pero a veces reflexiono como si tuviera más años, muchos más.)

Por cierto, el océano me regala dos momentos. En uno, las olas encrespadas del gran quebrantador, gigantescas y absolutas, golpean sin misericordia las eternas rocas en la costa de este rincón del mundo.

El otro es único, sublime y derrocha paz: la serena marea baja. El momento libre de peligro que me obliga a descansar y reordenar las fuerzas y el andar. En él me reagrupo, inspecciono los daños, hago un inventario detallado.

Conozco los rugidos y los golpes del insolente mar sobre las rocas. Tengo alguna vida vivida ya, y ahora solo quiero pensar, mejorar e inspirar, sentado frente al mar.

Descargo la silla de mi hombro, la despliego, y como todos los días la afirmo en el mismo sitio. Vengo con una decisión que ya no quiero cambiar y también con una sedienta necesidad: no practicaré el surf en las olas del bravo mar. Mientras permanezco sentado en mi silla de lona, hoy solo quiero pensar.

Y lo primero que viene a mi mente son aquellas palabras de nuestro Señor: «Venid a mí todos los que estáis trabajados y cargados, y yo os haré descansar» (Mateo 11.28). Como solía decir un viejo conferencista: «No llegamos a casa tambaleándonos por el alcohol, sino por el cansancio, porque vivimos demasiado rápido y dejamos que nuestras prioridades sean como una manchita que se aleja en el espejo retrovisor».

Es cierto, vivimos la vida en los carriles rápidos, pues ya no tenemos carriles para andar despacio. El agotamiento del alma es más peligroso que el alcoholismo. Cuando practicas la adoración pagana de la ocupación y le sumas la misión de «cumplir tu destino», obtienes una combinación letal.

El genial escritor Mike Yaconelli lo define de esta manera en un artículo que escribió hace tiempo:

Todo comienza inocentemente. Tienes el don de la comunicación y disfrutas mucho cuando utilizas tu don y otros te dan la oportunidad de usarlo. No solo te vas durante mucho tiempo, sino que cuando estás en casa, te sientes exhausto y no eres capaz de relacionarte con nadie por los efectos de los cambios de horario y la fatiga.

¡La fama seduce a los conferencistas, los cuales hasta se terminan creyendo su propio comunicado de prensa!

Muchas organizaciones tienen la reputación de contar con líderes que se han quemado en el altar de la misión. Y entonces —cuando estos líderes carismáticos ocupados colapsan bajo el peso de sus horarios dementes— son echados a un lado para dar paso a los siguientes líderes que se autodestruirán de la misma manera.

Y no hay excepciones. Ningún conferencista o predicador deja ese mundo ileso. Ninguno. De hecho, la única manera en que un predicador puede escapar de las consecuencias negativas de predicar es dejando de hacerlo, quedándose quieto hasta que recuerde por qué predica.

No existe otra manera. Hablar en público y ser famoso es una prisión de máxima seguridad de la cual no hay escapatoria. Predicar es una droga más peligrosa que la heroína, porque nadie trata de detener tu adicción; en realidad, las personas la apoyan.

«Sé que está muy ocupado, ¿pero no existe alguna manera de que nos dé una fecha?».

«Oiga, no queremos que deje a su familia, vamos a pagar los gastos para que sus familiares también vengan».

¿Y qué hay con los efectos secundarios? ¡Ellos viven con el terror de pensar que algún día nadie los invite, así que no pueden quedarse quietos!

Por todo eso, ahora me encuentro en mi cabaña, quieto. Es mi claro en la jungla, y ahora no hablo del follaje. Los claros son los lugares requeridos para detener nuestras vidas cuando estas llegan a ser demasiado rápidas.

Se trata de un lugar donde te orientas, te reagrupas, inspeccionas el daño y haces las reparaciones. Del lugar donde haces las correcciones del rumbo. Donde cambias de dirección o comienzas de nuevo.

Si no buscamos los claros, entonces seremos traídos a ellos a la fuerza por medio de un ataque al corazón, una enfermedad, una crisis, un episodio de ansiedad, la depresión o la soledad. Sin embargo, yo he decidido venir por mi propia voluntad, por las buenas. He arribado a la conclusión de que la vida no es una búsqueda de la existencia sin junglas, sino una búsqueda de algunos claros en medio de la gran espesura.

Lettie Cowman, la autora estadounidense de devocionales, escribió acerca de una viajera que fue de visita a África y contrató a un grupo de cargadores y guías. Esperando hacer su viaje rápido, quedó complacida con el progreso y los muchos kilómetros que cubrieron durante el primer día. Sin embargo, al segundo día, todos los cargadores que había empleado permanecieron sentados y se negaron a moverse.

Ella se sintió grandemente frustrada y le preguntó al jefe de las personas contratadas por qué no querían continuar la jornada. Él le dijo que el primer día habían tenido que viajar demasiado rápido y ahora estaban esperando que sus almas alcanzaran a sus cuerpos. La diferencia: estos hombres sabían lo que necesitaban para restaurar el equilibrio de la vida, pero demasiado a menudo nosotros no, y hasta perdemos el valor para los nuevos desafíos.

Hay una frase muy común que se le ha atribuido al general Patton: «La fatiga nos hace cobardes a todos».

Ahora la marea está baja y se parece mucho a este momento único en que veo pasar mis días. Sentado en mi silla, a metros de la cabaña que no se cansa de oír los quejidos de las olas del mar, voy destejiendo la maraña de recuerdos que hoy necesitan aflorar.

El faro sigue iluminando mi vida, mi casa escondida y la segunda parte de mi existencia.

Y por cierto, como la marea está baja, tengo mucho que contar.

CAPÍTULO 2

ME VOY HACIENDO SABIO

«La tragedia de la vida es que nos hacemos
viejos demasiado pronto y sabios demasiado tarde».
–BENJAMIN FRANKLIN
(1706-1790), POLÍTICO, CIENTÍFICO E INVENTOR

Leí esta frase hace muchos años, cuando todavía era muy joven para comprenderla. De vez en cuando la recuerdo y cada día le encuentro mayor significado. Y lo que más me atrapa de esa reflexión de Franklin es que hace surgir más preguntas que respuestas: ¿A qué edad comenzamos a hacernos viejos? ¿La pérdida de la juventud obedece solo a una cuestión cronológica o depende de otros factores? ¿De qué modo podemos retrasar nuestro reloj biológico? ¿Cómo alcanzar la sabiduría antes de que sea demasiado tarde? ¿Hacernos sabios permite que la vejez sea más llevadera, o la convierte en una carga aun más pesada?

Tal vez el sentido de la vida esté simplemente en demorar lo más posible la pérdida de la juventud y adelantar en la misma medida la llegada de la sabiduría. No obstante, ser sabio a edad temprana es un privilegio que muy pocos logran. Entre ellos se encuentra Benjamin Franklin, quien pasó a la historia como el inventor del pararrayos y cuya imagen no en vano fue inmortalizada en el billete de cien dólares, uno de los de mayor valor. Sin embargo, su recuerdo se mantiene vivo sobre todo por la vigencia de sus pensamientos.

Para la mayoría de los mortales, hacerse viejo y volverse sabio son cosas que van de la mano. Ringo Bonavena, un popular boxeador argentino que supo poner en aprietos al gran Cassius Clay, acuñó en la década de 1970 una de sus frases más célebres: «La experiencia es un peine que te dan cuando te quedas calvo». Lo mismo les sucede a muchos ancianos con la sabiduría: la obtienen cuando ya es demasiado tarde para aprovecharla. Sin embargo, hay excepciones. Unos pocos logran tener el peine cuando todavía conservan su cabello, o alcanzar la sabiduría cuando aún queda mucha vida por delante.

Alguien dijo en una ocasión que la vejez es como una cuenta bancaria. Uno retira en el futuro lo que ha ido depositando durante toda su vida. Intuyo que esa frase fue creada por un anciano sabio. Para muchas personas, la vejez es simplemente el ocaso de la juventud. Por eso aquellos que cruzan la barrera de los sesenta se aterrorizan ante la sola idea de envejecer y empiezan a añorar esa etapa lejana en la que gozaban de su plenitud física, o tratan de extenderla como sea. Sin embargo, tengo buenas noticias para quienes comienzan a transitar su séptima década: hay muchas cosas de la vida que mejoran con el paso de los años. El paso del tiempo no siempre implica perder cosas. En muchos aspectos es todo ganancia. ¿De qué depende? De la sabiduría que hayamos adquirido durante nuestro viaje. Y mientras más sabios seamos, más comprenderemos que hacernos viejos nos da bastante más de lo que nos quita.

Ingmar Bergman, el genial cineasta sueco que nos deleitó con joyas como *El séptimo sello, Sonata de otoño* y *El huevo de la serpiente,* resumió así en su madurez la estrecha relación entre la vejez y la sabiduría: «Envejecer es como escalar una gran montaña; mientras se sube las fuerzas disminuyen, pero la mirada es más libre, la vista más amplia y serena». Hacerse viejo y sabio no es simplemente acumular años, sino acentuar la calidad de las elecciones y las prioridades. Todo lo que se hace adquiere otro sentido. Cada objetivo logrado, por diminuto que pueda parecer, se valora mucho más y se disfruta con mayor intensidad.

Casi todo el mundo atesora en su corazón a un abuelo o una abuela que fue fundamental para su formación emocional. Liberados de la disciplina que deben aplicarles los padres a los hijos, nuestros mayores han sido verdaderos maestros de la vida. Ellos nos han ayudado con sus consejos a ser lo que somos, regalándonos su sentido común, la perspectiva que han ganado a través de los años y el arte de aprender a reírse de las pequeñas calamidades cotidianas. Los abuelos también suelen ser excelentes narradores de historias que despiertan nuestra fantasía. No importa si en su juventud fueron locuaces o no. Los años les han dado una capacidad de oratoria infinita. A mí me fascinaba escuchar los relatos de mis abuelos. No solo los cuentos infantiles que habían aprendido de sus padres, sino también las historias de sus pueblos natales. Debido a que mis abuelos eran inmigrantes que habían llegado muy jóvenes desde el otro lado del océano, cada historia atesoraba una cultura desconocida para mí. Esos relatos resultaban apasionantes y ponían a prueba mi imaginación, porque me remitían a territorios y costumbres cuyas imágenes parecían páginas arrancadas de viejos libros de geografía e historia.

Los abuelos desempeñan el papel de un anciano gurú en las antiguas tribus: aquella mujer o aquel hombre sabio al que todos pedían consejo cuando se encontraban frente a una dificultad. En la sociedad que describe Homero en *La Ilíada* y *La Odisea*, antes de entrar en guerra, los combatientes iban a consultar siempre al de mayor edad, porque había visto más situaciones que nadie y podía dar un consejo sensato y no contaminado por la pasión.

Durante la infancia, los abuelos son puntales en el crecimiento, porque enseñan los pequeños secretos de la vida. El fabuloso escritor colombiano Gabriel García Márquez vivió hasta los ocho años con su abuelo, cuyos fascinantes relatos hicieron que el pueblo que habitaban se transformara tiempo después —a través de la literatura— en Macondo. Él declaró: «Mi abuelo ha sido la figura más importante de mi vida. Desde entonces no me ha pasado nada interesante». Un libro tan maravilloso como *Cien años de soledad*, traducido a casi todos los idiomas que existen, fue creado gracias a la sabiduría de un anciano.

La mayoría de abuelos son personas sabias, con una amplia visión sobre las cuestiones humanas. Esto hace que puedan distinguir claramente entre lo que vale la pena y lo que no, además de apoyar a sus nietos y ayudarlos a que desarrollen su creatividad.

Mi amada abuela, la alemana Ana Keller, siempre me hizo sentir que era su nieto favorito. Me lo demostraba en pequeñas cosas, casi en secreto, como para no hacer sentir mal a los demás. «Dante, eres mi mejor nieto», me decía, y luego agregaba, «el más inteligente. ¿A quién habrás salido?».

Con el paso de los años, cuando ella ya no estaba entre nosotros, descubrí que había hecho sentir exactamente igual a todos mis hermanos y primos. No pude menos que celebrar con una enorme sonrisa su picardía, la cual logró que la amara aun más. De inmediato asumí que la abuela había engañado a todos mis hermanos y primos, porque —sin lugar a dudas— yo era su nieto favorito. ¡Aunque estoy seguro de que todos los demás pensarían exactamente lo mismo!

Hay muchas lecciones que aprendemos de nuestros mayores. Cada generación se rebela contra los padres y establece alianzas con los abuelos. Este fenómeno que borra la brecha entre generaciones se da debido a la inteligencia de unos sabios que han aprendido el arte de vivir despacio. Estando libres del ritmo frenético de la productividad que nos hace correr sin sentido, los abuelos tienen la paciencia que los pequeños necesitan para atender a sus preguntas, así como tiempo para compartir sus propias aventuras y experiencias. Los padres aportan normas, disciplina, trabajo y límites. Los abuelos, sabiduría, ternura, tolerancia y tiempo.

Desde épocas remotas, el viejo sabio era quien transmitía de manera oral las enseñanzas indispensables para las nuevas generaciones. Esto era así a tal punto que las imágenes religiosas solían poner a un anciano en el lugar de Dios. El ejemplo más cabal es la Capilla Sixtina, donde el Creador está representado por un anciano con barba.

Sin embargo, hoy la sabiduría de los mayores no es tomada en cuenta. ¿Quizás se crea que la palabra del anciano ya no resulta indispensable para las nuevas generaciones? ¿Estaremos en un momento de transición cultural? La sobredosis de información no garantiza mayor conocimiento, y menos aquella sabiduría que se logra basándose en la experiencia.

Cada vez que me cruzo con un anciano y tengo el privilegio de ser elegido para que me narre alguno de sus relatos, me entrego a su sabiduría y lo escucho con atención reverencial. Me fascina sentarme a los pies de los que mas saben a fin de aprender, comprender y estar a su altura cuando llegue mi turno. Digo esto porque algún día yo seré el anciano que llene el corazón y el alma de sus nietos con fascinantes historias y sabios consejos.

En el momento exacto.

Cuando aún no sea demasiado tarde.

CAPÍTULO 3

DE DONDE VENGO

No existe acontecimiento ni cosa en el mundo que logre borrar esas historias que se graban a fuego en nuestra mismísima alma. Son las historias de la edad más temprana. Cuando la vida se vestía de trasnoches, pañales, cunas y reuniones familiares. Ahora que lo pienso y con mi mirada perdida en las tímidas olas de un mar que por ahora también descansa, en mi mente se agolpan los recuerdos de la casa donde empecé a vivir y a reunir, sin saberlo, todo el bagaje de información que algún día iba a usar.

No quiero evitar esa lágrima que salta al solo recordar el baño repleto de azulejos, el añejo mantel con sus descoloridas flores naranjas, las seis sillas del comedor diario al lado del viejo sillón que nunca combinó con nada, el inolvidable Westinghouse, el sorprendente televisor en blanco y negro con el que mi padre se apareció una mañana, la olla vieja y golpeada en la que mamá hacía sus inolvidables guisos, la noble parra de uvas negras y las rejas verdes que protegían la entrada a nuestra casa. ¿Cómo hicimos para que tantos muebles cupieran en ese pequeño espacio?

Todos tienen un lugar al cual llegar y de donde salir. Ya sea un nido, una cueva, una madriguera o una casa.

Seré un desafío para los profesionales de la conducta humana, ya lo sé. Sin embargo, a mis años no puedo ni quiero negar lo que es obvio en mí: aquellos aromas que no se van, los gustos que permanecen, los escenarios que siguen impresos en mis retinas. Mi casa en la que nací, crecí y de donde salí. Se trataba de una vivienda simple y de bajo costo, pero tenía un valor mayor. Era un hogar. Hogar de hoguera, de fuego, de calor, de reunión.

¿De qué sirve tener una casa y no tener un hogar? Mi padre sabía que tenía uno. Él llegaba a casa a descansar. Un soldado cansado no quiere llegar a su casa a pelear. Mientras que muchos hombres sienten que no tienen dónde recostar su cabeza, mi padre podía darse el lujo de dormir su sagrada siesta en su hogar.

Con los años he aprendido que el verdadero desafío de una familia consiste en no distanciarse. El distanciamiento es lento, silencioso y no tiene fecha de vencimiento. En realidad, muchas de las parejas que se divorcian a veces nunca se enteraron de que había un problema hasta que todo estuvo irremediablemente roto.

Repite esto una y otra vez: la vida laboral no tiene que devorar la vida familiar. Tu profesión u oficio no puede sostener tu hogar, sino es exactamente al revés. Si tienes una carrera exitosa, pero un hogar destruido, todo fue en vano. Perdiste el hogar en el proceso de edificar la casa.

Tu hogar necesita tu presencia emocional y no solo física. Puedes encontrarte en tu hogar físicamente, pero estar a kilómetros de distancia en lo emocional. Asegúrate de que tus hijos sepan que no eres una sombra, un fantasma, sino un ser real. El sentimiento de orfandad resulta más aceptable si está acompañado por una habitación vacía, pero es horrible sentirse huérfano mientras el padre duerme tras la pared.

Tus hijos necesitan que seas un padre de verdad. Ser varón no es solo ser hombre. Nacemos varones, pero nos hacemos hombres por elección. Un viejo autor dijo alguna vez: «No mides a un hombre por los músculos, sino por su fibra moral». Si alcanzas el éxito sacrificando tu hogar, no eres hombre.

La reputación es lo que gente piensa de ti. El carácter es lo que tu esposa, tus padres o tus hijos piensan de ti. Muchos ganan para el hogar, pero no ganan en el hogar. Son buenos de la puerta para afuera, pero no pueden mantener una relación afectiva en el interior de la casa. La mayoría de los que van a la vanguardia en un gran negocio han pavimentado su camino al éxito sacrificando a la familia, los hijos o el matrimonio.

Así que necesitas aterrizar en los brazos de una vida que esté definida por algo más que lo que hayas logrado. De hecho, si construiste una vida fuera de los tuyos, puede ser desalentador volver a casa; por eso muchos matrimonios se divorcian después de más de veinte años de casados. Cuando mediaban los hijos y el trabajo, todo funcionaba, pero cuando se fueron, no pudieron hacer aterrizar el avión.

Si fuiste un mal padre, no te enmendarás siendo un buen abuelo. Y si las personas por quienes te esforzaste y trabajaste toda tu vida ya no se encuentran allí cuando quieras aterrizar, tendrás que desviar tu rumbo y cambiar el plan de aterrizaje en tus años altos.

En lo que a mí respecta, la vida no me ha tratado mal, e incluso cuando es verdad que nada de lo que tengo y he alcanzado me ha sido regalado, aún me queda el recuerdo de aquel hogar, pero mayormente conservo la mejor de todas las enseñanzas: que mis años en casas más cómodas no deben hacerme olvidar de dónde vengo, porque ese día me habré olvidado de quién soy.

¡Debe ser terrible llegar a viejo con una gran mansión y no tener un hogar donde dormir una merecida siesta!

CAPÍTULO 4

TE OLVIDASTE DE REÍR

El día que aprendes a andar en bicicleta, nunca más te olvidas de ello. Besar, abrazar, comer y conducir son actos diferentes, pero el principio que los rige es el mismo. Son cosas que se aprenden y no se olvidan. Aunque se pierda la práctica, jamás las olvidaremos. El día que aprendes a agarrar con tus manos, jamás olvidas cómo hacerlo de nuevo. El día que aprendes a sumar y restar, jamás te olvidas de ello. Repito, podrá haber falta de práctica, pero nunca será algo que quedará en el olvido.

Así que estando bien inmersos en nuestras obligaciones, absolutamente fastidiados por nuestros innumerables compromisos, e incansablemente perseguidos por nuestros acreedores, fuimos aprendiendo más y mejor eso de andar enojados, ansiosos, nerviosos y explosivos. No nos dimos cuenta de que una y otra vez con esa clase de postura fuimos sacrificando todos los días uno de los más bellos regalos que el cielo nos dejó a fin de que lo disfrutáramos con nuestra voluntad, corazón y grandes dientes: el buen humor.

No es que no debamos cumplir con nuestras obligaciones o pagarles a nuestros acreedores, ni mucho menos que afirmemos erróneamente que no tenemos que resolver conflictos. No, no se trata de eso. El asunto tiene que ver con una actitud y también, por qué no, con un gesto. Déjame expresarlo a modo de pregunta. ¿Con qué cara vamos a cumplir con nuestros deberes diarios y exigentes? ¿Por qué será que tenemos una cara para la obligación y otra para el supuesto festejo? ¿Por qué usamos más la primera y extrañamos demasiado a la segunda?

Así están las cosas. Decir *obligación* es decir *sí* a una especie de seriedad obligada que caracteriza de modo omnipotente nuestra actitud para la vida, la cual afecta nuestra manera de hablar, pararnos, responder, mirar y, finalmente, vivir. Vamos al banco a pagar una cuenta y ya llevamos hipotecado el rostro. ¿Te has percatado de esto? ¿Por qué nadie se ríe en la fila de los bancos? Simple, porque hay que pagar. ¿Por qué no reír y celebrar el hecho de contar con el dinero para solventar la obligación que tenemos por delante? Es que cobrar un dinero representa para los mortales un motivo de alegría, pero pagarlo o verlo irse sin más ni más nos hace sufrir.

Cobrar es reír y pagar es llorar. ¿Por qué llorar? Repito, porque se nos va el dinero, y eso duele. Ahora bien, si por un minuto pensáramos en la poderosa realidad de que gracias a mi esfuerzo y el consecuente dinero obtenido puedo pagar la casa en la que vivo, eso debería arrancarnos una sonrisa de satisfacción enorme e inteligente.

En cambio, algunos ríen derrochando su dinero en una alocada noche de copas. Otros celebran gastando su fortuna a fin de obtener aventuras sexuales ilícitas y secretas. Algunos más festejan empleando su dinero para adquirir la muerte en cómodas cuotas, la cual está escondida en unos gramos de cocaína mortal. Ríen, celebran, festejan y derrochan su esfuerzo convertido en dinero en ofertas que solo acortan la vida.

Contradictoriamente, en muchos lugares a eso se le llama disfrutar la vida. Y entonces sufren y braman cual demonio a la hora de emplear el dinero en cosas que hacen la vida más digna, tales como vivienda, vestido, comida, salud, estudio y progreso. Algo está mal enfocado. Corregir esa visión me dará luz en cuanto a lo que sí merece mi sonrisa, mi festejo y mis carcajadas, y lo que no tiene ni un centímetro de valor para obligar a mi corazón a vivir apretado, a mi rostro a mostrarse amargado, a mi voz a oírse cual quejido y a mi sonrisa a quedarse sin trabajo.

Como todo en la vida, reír también es consecuencia de una decisión. Aunque el mejor de los cómicos presente su espectáculo frente a mí y todo un auditorio se despanzurre de la risa, lo cierto es que yo reiré si decido hacerlo. Seré, con toda justicia, el promotor o el detractor de la alegría. Seré el que se conoce en buena parte del mundo como el aguafiestas o el animador de las mismas. Se trata de una decisión. Eso es. La vida no es más que una cadena interminable constituida por eslabones llamados *decisiones*. Todo hombre y toda mujer llevan sobre sus hombros el peso y la demanda de tener que elegir. Sus vidas dependen de ello, y eso es así por el simple hecho de que la vida consiste justamente en eso, en tomar decisiones.

Decidir tiene que ver más que con un merecimiento otorgado por algún mortal supuestamente infalible, con un derecho y un beneficio saludables con el que fuimos creados y diseñados todos los seres humanos para vivir por este lado de la Vía Láctea.

Así que no seremos otra cosa sino el producto de las decisiones que en su momento hayamos tomado. Se cosecha solo aquello que se siembra. Se obtiene solo eso que se busca. Se es solo lo que se decide ser. Habrá siempre una decisión por lo bueno o por lo malo. Llorar o reír. Festejar o lamentar. Vestirse de fiesta o continuar con ropas que recuerdan el duelo. Despertarse o seguir durmiendo. Decir verdad o decir mentira. Perdonar o seguir odiando. Creer o no creer. Fruncir el ceño o estirar los labios en una sonrisa cálida y espontánea. Cerrar la boca o abrirla como hipopótamo en estruendosa risa. Todo es una decisión.

Así que tienes que decidir. ¿Por qué no? Inténtalo, reír puede ser tu mejor decisión para el día que has empezado a vivir hoy.

Ahora bien, al hablar de reír no quiero dar a entender que debamos vivir en medio de una ronda de chistes de toda clase de colores. Si se quiere, ese es un espectáculo para disfrutar —o sufrir— el sábado por la noche luego de pagar una taquilla. Al hablar de reír tampoco aseguro que he descubierto la fórmula perdida para no atravesar ninguna temporada de lágrimas o tristeza. Sería ridículo afirmar tal cosa, sobre todo porque no solo sabemos, sino que ya lo hemos experimentado, que la vida también comprende momentos de conflictos que arrancan lágrimas.

Al hablar de reír no quiero hacer una defensa de la falta de ubicación en determinadas circunstancias a las que nos expone la vida. La pérdida de un ser querido, velar sus restos, un fracaso económico como pocos, una traición al corazón y el amor —y mil sucesos más— no son ocasiones para reír, definitivamente. Por eso, quien no discierne ni respeta lo distinto de cada circunstancia, se ganará con toda justicia el reconocimiento *al desubicado del año*.

Al hablar de reír quiero decir que tenemos el privilegio de hacer una elección. Reír representa ese lado de la vida por el que pocos transitan. Reír, en primera instancia y en su definición más básica, es esa reacción biológica de todos los seres humanos a momentos o situaciones de humor. La risa también es una expresión exterior de la diversión. Reír es una respuesta. Y aunque hacerlo resulta tan fácil, lo hemos convertido en algo muy complicado. No obstante, he aprendido que reír es mucho más que extender los labios y mostrar los dientes, y aquí voy con lo aprendido.

Reír no es solo estallar en carcajadas. Eso constituye una parte, pero no lo es todo. Reír tiene que ver con una decisión y un estilo de vida asumido con toda conciencia. Reír, según lo veo, es buscar el lado de la vida que se relaciona con lo bueno, lo positivo y lo que causa el bien. Reír beneficia primero al que ríe y luego al destinatario de esa sonrisa. Reír distiende el alma, debilita la confrontación, evapora el miedo y la desconfianza, y gana amigos al por mayor.

Ya es un hecho demostrado que la risa disminuye la presencia de colesterol en la sangre, pues equivale a un ejercicio aeróbico. Favorece la digestión al aumentar las contracciones de todos los músculos abdominales. Aplaca la ira. Contribuye a un cambio de actitud mental que favorece la disminución de enfermedades. Aumenta el ritmo cardíaco y el pulso al estimular la liberación de endorfinas, permitiendo que estas cumplan una función tan importante como es la de mantener la elasticidad de las arterias coronarias. Reír ayuda a reducir la glucosa en sangre y libera del temor y la angustia.

No obstante, la gran mayoría llora y una gran minoría ríe. Es por eso que cuando alguien ríe, los que se reúnen para reír con él se multiplican. Luego de mis conferencias no son pocos los que se me acercan y confiesan: «¡Hace tiempo, años, que no me reía como lo hice hoy!».

Damas y caballeros, señores y señoras solemnes, entonces no tengo pena en afirmar que reír es la actitud ideal para deshacer un problema y no para crear uno nuevo. Reír es dejar que ciertas cosas sucedan solas, sin mi enfermiza intervención inyectada de ansiedad y estrés al por mayor. Reír es permitir que la vida siga, y que ella y sus problemas dejen de seguirme a mí. Reír es mucho más que abrir la boca y mostrar los dientes. Reír es priorizar el disfrute, la paz y los resultados sin el menor estrés posible en el proceso. Reír es decidir *qué* y *quiénes* harán sus aportes vitales a mi existencia. Reír es subir los pies sobre el sillón de casa cuando los pies de otros me quieren pisotear.

Reír es cruzar las manos por detrás de la cabeza, estirarse cual hombre elástico y soltar un interminable grito de placer e irresponsabilidad mientras otras manos quieren golpearme. Reír es sonreír e invitar a otros a no preocuparse cuando otros labios hablen pestes de mí. Reír es no ser tan serio, tan previsible y tan perfecto. ¡Por eso, ya lo habrás descubierto, quiero reír!

La verdad es que reiré si decido reír. Lloraré si decido llorar. Disfrutaré la vida si decido hacerlo. Saldré de mi casa o me quedaré encerrado en ella según lo decida. En nosotros vive esa posibilidad y es nuestro derecho hacer uso de esa opción. Así que toma una mejor decisión. Decide reír o, en otras palabras, decide siempre buscarle a la vida el lado que nadie quiere buscar o pocos quieren encontrar.

Preocúpate, pero no tanto. Ocúpate, pero no demasiado. Llora, pero no hasta mañana. Sufre, pero solo hasta esta noche. Ten diferencias, pero hasta que se ponga el sol. Mantente serio, pero hasta esta tarde. Responde, pero no grites. Debate, pero no mates ni te mates. Paga, pero no pegues. Trabaja, pero no seas adicto. Corre, pero también camina. No llegues primero, solo llega. Reduce un poco la velocidad, redúcela aun más, solo para ver cuántas cosas te estás perdiendo en medio de tanta locura.

Mira ese lado de la vida desbordante de paz. Observa con inteligente detenimiento ese lado de tu existencia. ¡Cuánta maravilla escondida hay en esas tierras! Allí nada es tan rápido ni tan lento. Allí todo camina a su tiempo. Allí todo está para que lo disfrute. Allí hay una flor, un pájaro, un perro, una playa de arenas blancas, un atardecer, un amanecer, un sillón, un libro, una canción, una mujer (mi mujer), mis hijos, un auto, un cine, un dinero, un helado, una cama, una siesta, una sensación poderosa de paz... y muchas otras cosas para cuyo disfrute tú y yo fuimos puestos en esta tierra.

Hacer *nada* también es hacer algo, y esa es una excelente definición que huele a experiencia diaria, lo cual siempre será mejor que una mera filosofía surgida de las grandes cátedras. No te tomes todo tan en serio. Cierra los ojos, respira profundo, grita, duerme, ríe, sonríe y busca aquello que te haga feliz. ¡Así que, vamos, ríe, decide reír!

Debes cultivar otra cultura. Desecha ese hábito de culpar a todo el mundo por tus desgracias. Ya no responsabilices a otros por tus lágrimas. Esa es una costumbre mala, muy mala. Considérate el dueño único y el responsable exclusivo de tus decisiones y actos posteriores. Tú duermes cuando quieres y hasta el momento en que deseas. Te levantas de la cama si quieres. Trabajas o te lo pasas deambulando sin trabajar porque así lo eliges. Lloras hoy aunque no quieres, pero sigues llorando mañana por el simple hecho de que así lo prefieres. Te endeudas hoy para obtener lo que añoras y pagas tus deudas si así lo deseas. No ríes porque no quieres. Frunces tu entrecejo, hablas duro y escondes tus dientes solo porque determinas hacerlo. Ríes si se te antoja o no ríes, porque tú y nadie más que tú así lo decides.

CAPÍTULO 5

OTRO CIELO

Estrellas hubo siempre. En el cielo y en Hollywood. Ellas están presentes desde la creación del universo (las del cielo, pues las otras vinieron muchos años más tarde). Sin embargo, no es de mi interés hacer un análisis cósmico ni cinematográfico. Solo quería acordarme de las estrellas de mi niñez. Ya sé, me dirás que son las mismas de hoy, o casi. Es posible. Lo que ha cambiado es el recuerdo de ellas.

Cada vez que miro al cielo de noche tengo la íntima sensación de que antes había más estrellas que hoy. Al menos, se observaban con más nitidez. Quizás se deba a que en mi infancia vivía en una zona más alejada de la gran ciudad, con un cielo más amplio e inmenso. Muy inmenso. Imposible de abarcar con mis ojos jóvenes. En las capitales, el cielo está cubierto por las luces de la metrópoli, y pareciera que las estrellas se esconden, huyen, se hacen casi imperceptibles.

Cuando era muy joven tuve la bendición de criarme en un barrio apartado, más en contacto con la naturaleza. Y también disfruté de vacaciones o visitas al campo a las casas de familiares o algunas amistades de mis padres. En esas ocasiones, apreciaba mucho recostarme por las noches en el césped y tan solo observar ese manto celestial negro estrellado, como salpicado por infinitos y pequeños puntos luminosos.

Nunca vi otro cielo igual.

Créeme, era otro cielo.

Lo primero que uno atinaba a hacer era individualizar las tres Marías. Inigualables. Perfectamente descifrables. Luego, ubicaba la Cruz del Sur. Esta requería de un poco más de atención. Y ni hablar de ser capaz de observar primero que los demás una estrella fugaz y pedir los tres deseos tan anhelados.

Incluso, durante la adolescencia, quién no le ha regalado alguna estrella a un amor de ese entonces. Y quizás no a una sola persona, hasta me animaría a decir que le hemos ofrecido el mismo obsequio a sucesivos amores de juventud. Cosas de niños. Uno tenía ese gesto de romanticismo, el deseo de apoderarse de un lucero y entregarlo a modo de compromiso celestial, induciendo a las estrellas como flamantes testigos de nuestro juramento.

¿Quién hizo estos cuerpos celestes? ¿Cómo llegaron hasta allá para decorar nuestras noches? ¿Dónde están esos cielos? ¿Qué se han hecho de sus estrellas? ¿No has intentado nunca contarlas? Claro que sí. Yo también. Y he renunciado al intento. Habré llegado a diez, cien, imposible precisarlo. Las estrellas de mi niñez sumaban millones.

¿Cómo podían verse tan pequeñas? No miento si digo que fueron ellas quienes me incitaron alguna vez a sentir un vago e inocente deseo de ser astronauta, de surcar esos cielos buscando conocerlas personalmente, o más de cerca al menos. Deseos ingenuos y propios de un niño frente a semejante representación.

Una vez mi abuelo Santiago me dijo que cuando alguien muere, viaja para instalarse en una estrella. Esa es su morada final. Y desde ahí, nos cuida e ilumina nuestro camino. Claro que eso no era cierto, pero tal imagen quedó grabada en mi memoria durante gran parte de mi niñez.

Y para mí, que apenas tenía unos cuatro años, en una de esas estrellas descansaba mi abuela materna. No fue difícil divisarla. Aquella noche, cuando elevé mi vista al firmamento en búsqueda de su luz, me pareció que se hacía notar, que llamaba mi atención. Ahí estaba. La elegí. Nos elegimos. Desde ese día, su estrella siempre estuvo visible, como si fuera un punto de encuentro entre ella que ya está en la eternidad y yo que aún estoy en tránsito.

Y como dice la estrofa de una magnífica canción de Violeta Parra, la gran compositora y cantante chilena:

Gracias a la vida que me ha dado tanto.
Me dio dos luceros, que cuando los abro...

El cielo de mi niñez. ¡Cuánta nostalgia! Y aunque hoy volviera a esos lugares, me recostara sobre esas praderas y alzara la vista al cielo, no sería lo mismo. Estoy seguro de que las estrellas ahora lucen diferente.

Es que han pasado muchos años y te lo aseguro, es otro cielo.

CAPÍTULO 6

HIJO DE UN CARPINTERO

Hay tres cosas que no elegimos cuando nacemos: la casa, la familia y los hermanos. No afirmo esto porque hubiera querido tener derecho a alguna clase de elección, sino simplemente porque es y debe ser así. A la verdad estoy feliz de que sea de esta manera, al punto de que con sus virtudes y defectos, elegiría una y otra vez la misma casa en la que nací, los mismos padres que por amor me trajeron al mundo, y los mismos hermanos con los que me crié.

Nuestra condición de niños hace que por mucho tiempo solo estemos interesados en vivir y dedicados a ello. Esa época maravillosa de pasar los días sin las responsabilidades típicamente humanas que al cabo de un cierto tiempo nos cambiarán la vida, por definición, representa uno de los períodos más inolvidables de la historia de mi vida.

La vida de un niño es una llena de descubrimientos diarios y muchas veces inesperados. El descubrimiento es, como opción, una propuesta apasionante que más de mil veces produjo uno que otro llamado de atención: «¡Te dije que no tocaras eso!» o «¿Cuántas veces debo repetirte que no te metas ahí?». No hay excepción, sea en el idioma que sea, todo padre le ha dicho y gritado a un hijo frases como estas. Se trata de un encuentro entre el que sabe y conoce de peligros y el que no sabe y quiere descubrir. Y en materia de descubrimientos me encontraba yo cuando por primera vez supe dos cosas: el precio de la comida que comíamos y la ropa que vestíamos, y la forma en que se obtenía esa comida y esa ropa.

Mi padre era carpintero. Esta fue la principal fuente de ingresos por medio de la cual disfrutamos de los más increíbles manjares y vestimos las ropas más dignas por aquellos años. Ahora que transcurren mis días más nostálgicos, me aquieto un poco y le doy gracias a Dios por el oficio de mi querido padre. Carpintero. ¡Cuánto hay en este oficio y cuánto de él he ido incorporando en los míos!

Me di cuenta de que después de un cierto tiempo uno tiene cabal dimensión de muchas cosas, y en estos días me impresiono a niveles sorprendentes con solo recordar definiciones y etimologías de esta palabra, que constituye una maravillosa forma de ganarse la vida.

Según se sabe, la etimología más básica de la palabra *carpintero* señala algunas cosas en cuanto a su significado:

- El *carpintero* es un profesional que trabaja con la madera.
- El término proviene del latín *carpentarius*, y se refería a aquel que fabricaba el *carpentum*, un tipo de carruaje en forma de cesto casi totalmente construido de madera.
- El *carpintero* era considerado un verdadero artista, aptitud sin la cual difícilmente podría construir tan increíbles carruajes.
- El *carpentum* o carruaje era utilizado principalmente por los integrantes de la familia imperial.

¡Ah, sí! ¡Cuánto beneficio se obtiene en la marea baja! ¡Y pensar que soy hijo de un artista! Las olas lamen tímidas la orilla desde la que observo el mar y pienso sin querer dejar de hacerlo. Soy hijo de un carpintero, y eso hace que con emoción recuerde que:

1. Mi padre tuvo un oficio, pero lo practicó como un arte. El arte de darle forma a la madera para obtener lo que se le ocurriera crear. Ya sé de dónde vengo y ya sé qué genes me obligan a no dejar de investigar, descubrir

y crear. Por eso no te enojes conmigo, soy hijo de un artista.

2. Mi padre tuvo un oficio, pero lo desempeñó con sacrificio y sin abandonar. Hasta no terminar la mesa, hasta no culminar esas ventanas, el trabajo no se podía entregar. Mañanas, tardes, noches, clavos, martillos, sierras y dolores formaban parte del proceso, pero no había descanso hasta terminar su próxima obra de arte. Ya sé por qué no puedo parar de trabajar. Nada se logra por medio de una creación espontánea, ni a través de declaraciones creativas y ocurrentes. Todo implica trabajo. Mucho trasnoche, mucho dolor, mucho sacrificio, mucha honestidad, solo así el producto final será una obra de arte que nadie podrá olvidar.

3. Mi padre tuvo un oficio y lo usó a fin de construir una vida para sus príncipes. Fue un rey en lo que respecta a su forma de trabajar. Si el carruaje era construido para las familias reales, mi padre jamás se sintió un empleado sin motivo para vivir. Su obra tuvo los toques de su realeza y la grandeza de la razón por la cual la creaba. Sin embargo, lo más importante de todo, fuera mucho o fuera poco, fuera grande o fuera pequeño, todo lo que mi padre construyó estaba destinado a lograr el bien de sus hijos, verdaderos hijos del rey. No importó tanto que tuviera para él mientras que sus hijos pudieran disfrutar de todo. Ahora ya sabes por qué me siento un príncipe de una maravillosa familia real.

Soy hijo de un carpintero. Oficios dignos sí los hay, pero mucho más digno es mi padre que lo practicó sin dudar. La vida te da lecciones. Lecciones que no debemos ignorar. No elegí la casa a la cual llegar, tampoco elegí a los padres que pudiera tener, ni mucho menos a los hermanos con quienes reír y disfrutar. Soy el producto de algo, soy la idea de alguien más. No niego mis orígenes, agradezco haberlos tenido, de lo contrario, nada de lo que soy y lo que tengo sería hoy mi realidad.

No soy un don nadie, pero mi valor no lo define mi color, mi estatura, mis posesiones, mi fama ni mi forma de caminar. Soy hijo de un carpintero, por eso voy por la vida en un carruaje de emperadores, ofreciéndole mi arte a quien lo aprecie y no lo quiera odiar, trabajando día y noche con esfuerzo y sin cesar, haciendo del sacrificio, la buena ética y la honestidad mi forma de vivir y trabajar.

Soy hijo de un carpintero.

Nada menos.

CAPÍTULO 7

SAM

Mucho se ha escrito y dicho sobre la amistad a lo largo de la historia. Para poner dos ejemplos, consideremos al cantor brasileño Roberto Carlos y su mítica canción «Un millón de amigos»:

Yo quiero tener un millón de amigos…

Y al enorme y talentoso artista argentino, Alberto Cortez, oriundo de la ciudad de La Pampa, con el recordado tema, usado con permiso, «Cuando un amigo se va»:

Cuando un amigo se va
queda un espacio vacío
que no lo puede llenar
la llegada de otro amigo.

Cuando un amigo se va
queda un tizón encendido
que no se puede apagar
ni con las aguas de un río.

La lista podría ser extensísima, con testimonios ofrecidos por medio de melodías musicales, poesías, poemas, películas y otras muchas formas de arte.

A diferencia de los familiares, los amigos tienen la particularidad de que es uno quien los elige. Sin embargo, no fueron ni la música ni las letras las que me inspiraron a escribir. Me propuse reflexionar sobre la amistad a partir de una frase que me enviaron, cuya autoría desconozco, pero que resultó muy interesante y reveladora para mí. Esta dice lo siguiente:

> Para ser un buen amigo hay que poseer dos elementos fundamentales, el descubrimiento de lo que nos hace similares y el respeto por lo que nos hace diferentes.

Creo que en esto radica el secreto de la amistad. En definitiva, el secreto de la vida en comunidad. Se trata de una definición tan precisa y abarcadora que podría circunscribirse a todos los ámbitos donde priman las relaciones humanas.

Uno aprende desde chico a cultivar este sentimiento tan propio y necesario para los seres humanos. ¿Te acuerdas de tus amigos de la infancia? ¿Te sigues reuniendo con alguno de ellos?

Algunas personas tienen esa suerte de poder conservar a sus amigos verdaderos del barrio y la escuela. Otras, por razones de fuerza mayor o cuestiones ajenas a su propia voluntad, solo cuentan con el recuerdo de aquellos compañeros de ruta de los primeros años, y han ido entablando otras relaciones fraternales a lo largo de la vida de acuerdo a los diferentes contextos en que han vivido.

Y por supuesto, hay quienes tienen pocos amigos, aunque todos ellos leales, mientras que otros son dados a formar parte de grupos más numerosos con la misma fidelidad. En todos los casos, el estímulo es el vínculo y lo que cada uno precisa para su bienestar.

Permítame hacer aquí un alto para homenajear a un amigo entrañable, uno de los tantos que tuve, pero que rescato no por ser el mejor, sino por ser único y muy personal. Todos mis amigos también lo fueron, pero este resultó muy especial.

Se trata de mi *amigo imaginario*.

¿Qué tenía de especial? No lo sé. Quizás podría aventurarme a pensar que poseía algunas características de cada uno de los otros niños reales que convivían diariamente conmigo. No lo sé, pero no tengo intenciones de detenerme en ese punto.

Quiero acordarme de mi amigo imaginario de mi infancia. Se llamaba Sam, y solía entablar con él conversaciones extensas en las que le confesaba todas mis inquietudes y conflictos, así como lo que había hecho a lo largo del día (pues en la noche era el momento que elegíamos para encontrarnos, muchas veces durante mi baño diario), narrándole mil historias y cuentos de cualquier índole. Nunca nos peleábamos ni discrepaba conmigo. Después de todo, era mi amigo imaginario.

Los amigos imaginarios no indican un vacío emocional. Todo lo contrario. Es un mito creer que los niños introvertidos son más propensos a crear amigos imaginarios. Tal es así que, al igual que hoy en día, de niño yo era un ser absolutamente sociable, con muchos amigos y una vida social que distaba mucho de ser solitaria.

Por supuesto que jugábamos durante horas. Nuestros juegos preferidos eran los autos y las luchas con mis superhéroes. Yo le prestaba todos mis juguetes. Él no tenía ninguno. Hacía lo mismo que con los demás, aunque quizás con Sam profundizaba más algunos aspectos de la relación.

Ante la mirada ajena, esto podría resultar un poco egoísta. Tal vez sea así. Sin embargo, su presencia no obstaculizaba mi trato con el resto de los niños. Sam era mi preferido. Él no me imponía nuestra amistad como una condición. Y yo tampoco se los presenté a mis amigos ni les comenté de su existencia. Se trataba de mi amigo imaginario y confidencial. Sabía que mis compañeros tenían sus amigos imaginarios también. Era un secreto tácito. Es más, me enteré de que mis hermanos incluso tenían más de un amigo imaginario. Y a veces los escuchaba conversar animadamente con ellos, aunque no recuerde sus nombres.

Fue en mi relación con Sam que sufrí mi primer golpe anímico fuerte e intenso, el cual me hizo sentir triste con el paso del tiempo. Un día, sucedió lo inevitable y no vi más a Sam. Para ser sincero, nunca lo había visto físicamente antes, pero un día dejamos de frecuentarnos. Nunca supe qué sucedió ni por qué. Tan solo quedó atrás como un hermoso recuerdo.

Ya de grande, cuando fui padre y quise investigar si mis hijos tenían sus amigos imaginarios, me replanteé lo que había sucedido. No me fue posible entenderlo, y al igual que yo, nadie daba señales de haberlo hecho. Todo se atesoraba dentro de un halo de misterio, mostrándose muy celosos de sus aparentes compañías irreales. Y fue en ese instante que Sam y su recuerdo regresaron. Entonces me dejé invadir por la nostalgia, que me llevó a aquellas tardes de juegos y charlas, ocasionándome una triste pero feliz añoranza.

Tener amigos es una experiencia única, irrepetible. Ellos son como las estrellas, no siempre uno las ve, pero sabe que están ahí. El escritor argentino José Luis Borges señaló:

*La amistad no necesita frecuencia. El amor sí. Pero la amistad, y sobre todo la amistad de hermanos, no. Puede prescindir de la frecuencia o de la frecuentación. En cambio el amor, no. El amor está lleno de ansiedades, de dudas. Un día de ausencia puede ser terrible.**

He clasificado a los amigos en diferentes circunstancias. No todos gozan de las mismas cualidades ni cumplen los mismos objetivos que nos planteamos en cualquier relación. Podría expresarlo así:

---

* Fragmento de la entrevista hecho por Joaquín Soler Serrano en el año 1980 en la serie de entrevistas llamada "A Fondo" www.youtube.comwatch?v=009L3bkywik

- Algunos de nuestros amigos nos brindan contención.
- Otros nos brindan su silencio.
- Con otros, brindamos.
- Hay amigos que invitan.
- Otros nos dicen lo que tenemos que hacer.
- Algunos amigos siempre están peor que uno.
- Hay amigos que aparecen cuando estamos bien.
- Y otros cuando estamos mal.
- Existen amigos que nunca están, y sin embargo los llamamos así, amigos.
- Están los amigos que vemos muy poco, y cuando nos encontramos es como si nos hubiéramos visto ayer.
- Hay amigos de toda la vida.
- Y amigos nuevos.
- Otros que no llegan a la categoría de amigo.
- Están los que te llaman cuando les hace falta algo.
- Y cuando necesitan dinero.
- Los que se acuerdan de uno con un mensaje, una llamada, y se las ingenian para rastrear dónde y cómo estamos.
- Hay amigos para reír.
- Otros para llorar.
- Hay amigos para comer.
- Y amigos para salir.
- También están los antiguos amigos.
- Y los que ya no están.

Por último, pongo en mi lista a los amigos que se extrañan. Como Sam, mi amigo imaginario.

CAPÍTULO 8

TENER SIN TENER NADA

Es bueno que de tanto en tanto detengamos la velocidad que le hemos impreso a nuestras existencias y nos tomemos una buena cantidad de horas para pensar, para hacer una reflexión sanadora. Eso es bueno. Analiza conmigo: en todo lo que haces, te realizas o te desgastas. Y aunque todo proceso de producción de resultados conlleva en sí mismo un desgaste de energía, lo cierto es que no todo desgaste conlleva propósitos de realización.

El desgaste tiene como sinónimos palabras tales como «deterioro, daño, ruina, alteración y decadencia». Cuando la obtención de un resultado me deteriora, arruina, altera y produce daños de toda clase, jamás deberíamos definirla como *realización*, ni mucho menos justificarla como el supuesto precio a pagar para conseguir lo que se quiere obtener. Hablando de obtener, es debido a ese afán que miles de personas deterioraron su salud, arruinaron a sus familias, dañaron sus matrimonios, alteraron sus prioridades y decayeron en sus valores, llegando a cierto punto de la vida en el que aun mostrando el premio obtenido, no repararon en la triste y dolorosa realidad del precio que inútilmente pagaron para transformarse en personas que no eran ni tampoco querían ser.

Ellos tienen casas, pero no familias. Tienen dinero, pero no alegría. Tienen posiciones, pero no convicciones. Tienen empleados, pero no respeto. Tienen socios, pero no amigos. Tienen ideas, pero no escrúpulos. Tienen conocidos, pero no incondicionales. Tienen mujeres, pero no esposas. Tienen hijos, pero no honra. Tienen traiciones, pero no lealtades. Tienen satisfacciones, pero no sonrisas. Tienen todo, pero no la paz. Tienen, pero no tienen.

El desafío está en lograr que el precio que se paga en todo proceso de producir resultados —en materia de tiempo, esfuerzo, sacrificio y recursos— tenga su propósito más justificado: la realización. Defino el acto de *realizarse* como la experimentación de ese sentimiento de indescriptible placer, inconmovible paz y plenitud interior que produce estar haciendo *no lo que se puede*, sino *lo que se quiere*; no lo que aparece, sino lo que se ha buscado.

Realizarse no es más que ser invadido por una clase de alegría que hace de todo el proceso una experiencia con tal disfrute que me afirma, me forma y me entusiasma, mientras alcanzo aquello que me he propuesto alcanzar. Con toda seguridad, todos nos cansamos y todos logramos cosas, pero no todos se realizan, no todos disfrutan, aunque eso sí, muchos se quejan, maldicen y se deterioran poco a poco sin darse cuenta.

Así que analiza con total solicitud y responsabilidad los sentimientos que te producen los procesos en los que te encuentras enfrascado ahora que estás buscando producir resultados. ¿Experimentas mucha contienda y poco deleite? ¿Mucho esfuerzo y poca recompensa económica? ¿Mucha entrega y poco reconocimiento? ¿Mucha tristeza y poca alegría? ¿Mucha seriedad y poca risa? ¿Mucho fastidio y poco entusiasmo? ¿Mucho grito y poco estímulo? ¿Mucha úlcera y poca salud? ¿Mucha ansiedad y poca paz? ¿Mucha actividad y poco descanso? Analiza, por favor, analiza, porque es muy posible que en vez de estar realizándote con eso que haces, te estés deteriorando, desgastándote y convirtiéndote en una persona que no quieres ser.

Los individuos enfocados logran cosas mientras se realizan como personas, y rara vez son víctimas de un estilo de vida que los dañe, deteriore, destruya y transforme en hombres muy exitosos, pero solitarios, con cuerpos plagados de enfermedades de toda clase, corazones inyectados de contiendas inolvidables y mansiones silenciosas llenas del ruido del recuerdo de los que estuvieron ayer, pero que hoy son solo víctimas que sistemáticamente fueron cayendo en el proceso.

Logra cosas, pero no te dañes a lo largo del trayecto. Alcanza sueños, pero no te quedes solo en el camino. Obtén lo que buscas, pero no lo disfrutes reducido a una cama de terapia intensiva. Levanta tus premios, pero nunca estando de pie en un pedestal donde no haya lugar para tu mujer y tus hijos. Celebra tus triunfos, pero no rodeado de amigos traicionados y tumbas de convicciones y valores sepultados. Abraza tus recompensas, pero ten salud para disfrutarlas, dientes para reír por ellas, esposa para festejarlas, familia para gozarla, corazón para valorarlas, memoria para no olvidarlas y mucha paz para saborearlas.

CAPÍTULO 9

UN DÍA DE ESTOS...

«Un día de estos dejo todo y pongo un bar en la playa». ¿Quién no ha dicho esta frase alguna vez en su vida? Creo que todos lo hemos hecho en algún momento de hastío, cuando cansados de la rutina laboral fantaseamos con huir a alguna costa paradisíaca. Sí, todos lo hemos dicho alguna vez. O al menos lo hemos pensado. Desde las amas de casa que permaneciendo de pie frente a la puerta abierta del refrigerador se lamentan porque están hartas de cocinar y ya no saben qué plato inventar para que sus hijos pequeños coman vegetales, hasta el más encumbrado profesional que percibe un sueldo astronómico por tomar decisiones empresariales difíciles. Desde aquel que ama fervientemente el sol, el mar y la arena, hasta aquellos que detestan la playa y prefieren la umbría tranquilidad de un bosque de montaña. No importa. Da igual. Todos alguna vez estallamos y anunciamos a viva voz: «Dejo todo y pongo un bar en la playa».

Claro que del dicho al hecho hay un largo trecho. Esta es una fantasía muy atractiva, pero llevarla a cabo no resulta tan sencillo como anunciarla, pues hay que abandonar todo lo conocido para lanzarse a una aventura que no sabemos cómo funcionará. En plena idealización imaginamos que en nuestro restaurante no hay viento, siempre está lleno de clientes y no existe la temporada baja, en la cual no llega nadie a sentarse a nuestra barra. También suponemos que podremos ver a la familia que dejamos en nuestro país de origen cuando se nos dé la gana, ya que vendrán de vacaciones a nuestra fabulosa mansión con vista al mar... Sin embargo, luego nos damos cuenta de que todo no es más que una quimera, que es difícil que todo suceda como cuando soñamos despiertos. Así que preferimos quedarnos en la tranquilidad de lo conocido. Optamos por irnos a dormir temprano, poner el despertador, desayunar bien y salir de casa con la corbata bien ajustada y el maletín en la mano para empezar otra de esas interminables jornadas, la cual al final del día nos hará replantearnos otra vez la posibilidad de huir hacia una playa del Caribe a vender choclos y licuados.

Claro que no todos reaccionamos del mismo modo ante el hartazgo que provoca la rutina. No todos pensamos en la seguridad, la familia que dejamos atrás y el esfuerzo de empezar de cero. Hay personas que se lanzan de cabeza aun sin saber si en la piscina hay agua. No sé si son más felices que nosotros, los que sopesamos cada cosa antes de tomar una decisión, pero puedo asegurarte que viven menos estresados.

Todos conocemos a alguien así, que se arriesga sin medir las consecuencias. Tal es el caso de Silvio, uno de mis amigos de la infancia. Él trabajaba ocho horas en una oficina, tenía un jefe insoportable y viajar durante la hora pico le provocaba un agotamiento adicional.

Un día, me soltó la famosa frase: «Elige un trabajo que te guste y no tendrás que trabajar ni un día de tu vida». Yo sonreí y le contesté: «Todos amenazamos con hacer eso alguna vez». Me aseguró que no era ninguna amenaza. Que cuando él tomaba una decisión, no había vuelta atrás. Silvio no retrocedía ni para tomar impulso, y estaba absolutamente decidido a llevar a cabo su plan.

Y así lo hizo. Puso en venta su casa y su automóvil, luego renunció a su trabajo y organizó una venta de garaje para desprenderse de todas sus pertenencias. «No necesito nada de esto», me dijo, «voy a vivir feliz en traje de baño y sandalias frente al mar». Armó sus maletas con lo poco que se había guardado. Se despidió de todos, y partió sin mirar atrás para encarar su nueva vida. Punta Cana, en República Dominicana, se convirtió en su destino.

De más está decir que Silvio pasó a ser una suerte de héroe para nosotros. Él fue el único que se atrevió a llevar a la práctica lo que todos dejábamos simplemente en el terreno de la palabra.

Durante algunos años me llegaban cartas con fotos suyas en su palapa con techo de paja, frente a un mar tan celeste como el cielo. Me contaba que trabajaba mucho. Desde el alba hasta el atardecer. Con el tiempo conoció a una hermosa dominicana que se dedicaba a dar clases de surf en la playa. Se enamoraron y se casaron.

Silvio estaba feliz. Había hecho realidad su sueño. Se sentía como si estuviera viviendo la vida de Brian Flanagan, el personaje de Tom Cruise en la película *Cocktail*. ¿Quién no vio esa película allá por el año 1988? Yo la descubrí cuando andaba por mis veinte años. Y confieso que fue la primera vez que dije: «Vendo todo y pongo un bar en la playa». Quise aprender los secretos de un buen barman. Pero lo único que logré fue romper montones de botellas cada vez que las revoleaba en el aire. Nunca logré atraparlas con gracia. Bueno, la verdad lisa y llana es que nunca logré atraparlas del todo. Y así mis sueños se hicieron añicos, al igual que las botellas contra el piso.

Con el tiempo, las cartas de Silvio empezaron a espaciarse cada vez más, hasta que un día dejaron de llegar. Imaginé que se habría mudado a otra playa o que simplemente había logrado contratar a muchos empleados y estaba disfrutando del Caribe como un turista más, mientras controlaba a la distancia el funcionamiento de su bar.

El tiempo pasó, los años corrieron, y me fui olvidando de Silvio y su idílica vida en República Dominicana. De vez en cuando, en algún momento de hastío, me repetía a mí mismo: «Voy a hacer como Silvio, pondré un bar o un restaurante en la playa». Luego recordaba mi impericia como barman y decidía seguir ocupándome de lo que sé hacer e ir a la playa solo de vacaciones. A mí que me traigan el batido de fresa y piña mientras leo o tomo el sol en una tumbona, porque si alguien espera a que sea yo quien lo prepare, probablemente termine deshidratado mientras trato de ponerme de acuerdo con la licuadora.

Una tarde, durante uno de mis viajes a Buenos Aires para visitar a mi familia, tuve que ir a hacer un trámite en un hotel. Mi sorpresa fue enorme cuando comprobé que quien me tendía la mano por sobre el escritorio para saludarme no era otro que Silvio. En mi imaginación siempre lo veía bronceado, en traje de baño y sandalias, sirviendo tragos frente al mar. Sin embargo, ahí estaba. Con la misma palidez invernal que todos, vistiendo traje y corbata, detrás de un escritorio.

Por supuesto, quise saber por qué razón había dejado su vida mágica en el Caribe para regresar a la rutinaria vida de oficina. Y ahí fue cuando me confesó que la vida del propietario de un bar en la playa no es tan idílica como pensábamos. Él terminó detestando todo aquello que nos fascina de las vacaciones. La arena blanca y el mar celeste solo los disfrutaba a través del mostrador, durante las pocas ocasiones en que podía mirar más allá de lo que estaba preparando para algún cliente.

A fin de poder mantener el negocio funcionando debía atenderlo personalmente y sin contratar empleados. La brisa del mar que tanto adoramos y nos refresca cuando estamos tirados tomando sol, para él no era otra cosa que arena voladora que invadía el salteado de camarones que estaba preparando. Y la comida terminaba en el cesto de la basura, porque no podía presentar un plato así.

Llegó a detestar la playa, sin ver la hora de encerrarse entre las cuatro paredes del cuarto que rentaba en una casa de familia, pues nunca logró tener la mansión con vista al mar. Su vida era solo trabajar para mantener el bar y pagar el alojamiento. Su jornada se extendía desde el alba (para poder ir al mercado y abrir a las diez de la mañana cuando llegaban los turistas) hasta la madrugada (cuando el negocio especializado en batidos se convertía en un bar nocturno con tragos y música).

Así fue como decidió buscar a algún otro idealista que quisiera abandonarlo todo y poner un bar en la playa. No le costó mucho encontrarlo. Todos los turistas sueñan con eso. Y siempre hay alguien que cae en la trampa de mezclar aquello que le apasiona con el trabajo. Eso hace que pierdas la pasión por lo que te gusta y la pasión por el trabajo. Es como aquellos fanáticos del deporte que deciden dedicarse al periodismo para comentar eventos deportivos. Al final, se pasan buena parte de sus vidas encerrados en un canal de televisión o una redacción hablando o escribiendo para otros sobre partidos que no les interesan, mientras se pierden de ver y disfrutar al equipo del que son verdaderos fanáticos.

O como aquellos cuyo pasatiempo favorito es la lectura y creen que trabajando en una editorial van a combinar su pasión con su trabajo. Al pasar el tiempo, descubren que su empleo los obliga a leer continuamente libros que los aburren o no les interesan. Y al llegar a casa el hecho de tomar un libro que sí les gusta para leer un rato antes de dormir es como trasladar el trabajo a la cama, de modo que terminan cerrándolo, pues ya no disfrutan como antes de un buen rato de lectura.

Así fue como Silvio prefirió dejar el chiringuito en la playa que lo tenía trabajando sin poder disfrutar para trabajar en algo que no le gusta tanto, pero le permite ahorrar a fin de disfrutar de quince días de vacaciones en un paraíso tropical, con todo incluido, donde sea otro quien prepara los batidos y las gambas salteadas.

De modo que intenta elegir un trabajo que te guste. Pero no hagas de tu pasión, tu pasatiempo o tu placer un trabajo. No dejes que el trabajo te impida disfrutar de eso que tanto amas hacer. Al contrario, que tu labor te permita darte el lujo de disfrutar de todo lo que te gusta en la vida. Patear el tablero es el deseo de muchos, pero la realidad de pocos. Piénsalo antes de tomar decisiones apresuradas.

No sea que un día la vida te encuentre atendiendo un bar en la playa, abrumado por el estrés tras una jornada interminable, y exclamando: «Un día de estos vendo todo y busco un trabajo de ocho horas en mi ciudad».

CAPÍTULO 10

DEMASIADA GENTE SOLITARIA

Me encontré con una gran verdad en las sabias hojas de las Sagradas Escrituras. Dice así: «Está un hombre solo y sin sucesor, que no tiene hijo ni hermano; pero nunca cesa de trabajar, ni sus ojos se sacian de sus riquezas, ni se pregunta: ¿Para quién trabajo yo, y defraudo mi alma del bien?» (Eclesiastés 4.8).

Son varias las cosas que se afirman en este escrito, y según mi parecer no hay nada tan exacto como esto en materia de describir la realidad de miles en el mundo. Aunque somos miles de millones los habitantes del planeta, nunca como hoy nos encontramos con tantos solitarios que viajan por sus naciones.

Verdaderas islas en el gran continente de la raza humana.

Nota qué dramática es la descripción de la Biblia. Este hombre se encontraba solo, sin ningún sucesor ni heredero. No había nadie a quien dejarle su legado ni un beneficiario de todos los esfuerzos de su vida. Nadie. Por alguna razón oculta en algún momento tomó una decisión. ¿Cuál? Hacer dinero en el tiempo que durara su corta vida y sacrificar a su familia en el proceso. Prefirió zambullirse en la construcción de un imperio antes que construir relaciones vitales, por eso esas personas que naturalmente podrían continuar su obra y administrar sus posesiones —tales como hijos, esposa, hermanos y familia— no existen.

Así que el hombre, por estar tan ocupado en trabajar y hacer riquezas, terminó descubriendo que se había quedado sin tiempo para otras cosas más importantes que el mero hecho de hacer dinero.

Otras cosas. ¿Qué cosas? Por lo menos, y a los fines de la integración de esta obra, quiero citarte dos. La primera es la familia. Este hombre no tuvo o no buscó tiempo para invertir en la construcción de su propio círculo familiar. No tenía esposa ni hijos. Ahora bien, hay también por el mundo otras realidades familiares, y este es el caso de aquellos que aunque tienen familia, trabajan sistemáticamente sin establecer una relación con ella. Lo doloroso de este proceso se hace evidente en la desatención de lo vital en nombre de otras cosas «más importantes o urgentes», lo cual inevitablemente deviene en la destrucción de la estructura familiar. ¡Es asombroso, pero tienen familia solo para agredirla! Lamentable.

Sin embargo, en el caso del hombre de la Biblia que nos sirve de ejemplo, la situación es totalmente diferente. No se trataba de que tuviera familia y no la atendiera. La realidad es que no la tenía porque nunca se interesó en construirla. A cambio de eso, decidió dedicarse a amontonar una inmensa e incalculable fortuna. Fortuna sí, familia no. Así que cada atardecer, al llegar a su mansión, no había una esposa que saliera a recibirlo, aunque sí seguramente alguna mujer. Tampoco hijos que corrieran bulliciosos a su encuentro, aunque sí un innumerable ejército de sirvientes obedientes.

Existen miles en el mundo que como este hombre han decidido no dedicar tiempo a construir afectos. Ellos no se esfuerzan por ganarse el cariño de las personas. No invierten ni un minuto de su ocupado tiempo en edificar el amor. Piensan que es más importante hacer dinero y guardarlo en un banco que fomentar la amistad y el cariño para sanar su corazón. Esto constituye una decisión. Este hombre tuvo éxito haciendo dinero, pero el costo fue la soledad en su más cruda realidad. Como a todos los que actúan de esa manera les habrá de ocurrir, así le sucedió a él. Duro, pero real. Se murió y su riqueza quedó. Pasó sin pena ni gloria. Volvió al polvo sin la posibilidad de llevarse un mísero centavo en su viaje al fondo de la tierra.

En segundo lugar, así como no empleó su tiempo para construir una familia, tampoco se detuvo un momento para por lo menos hacerse una pregunta vital y fundamental: «¿Para quién trabajo yo, y defraudo mi alma del bien?». En otras palabras, ¿por quién salgo tan temprano de casa? ¿Quién disfrutará los beneficios de tantas privaciones? ¿Quién celebrará conmigo el fruto de tanto trabajo y tantas penurias? ¿Quién me recibirá por las noches y será mi remanso? ¿Con quién celebraré cada logro?

Respuesta: con nadie, o mejor dicho, solo consigo mismo. Él es el único ser humano por quien hizo todo lo que hizo. No hay nadie más. Es un perfecto solitario, el sol en su propio sistema solar. Triste, muy triste. No hay nadie que cuente sus hazañas. Nadie que lo admire. Nadie que le agradezca. Nadie que sople sus velas de cumpleaños. Nadie que juegue con sus cabellos. Nadie que lo mire a sus ojos y sin palabras le diga que lo ama. Nadie que le escriba un poema. Nadie que lo despierte temprano con un desayuno en la cama. Nadie que pronuncie su nombre después de veinte años juntos.

Nadie. Está solo. En soledad.

Y eso definitivamente duele.

CAPÍTULO 11

JUEGOS DE NIÑOS

Hay cosas que se van perdiendo con el pasar de los años. Eso es algo natural e irremediable. Y hasta podría decir necesario. Se trata del devenir de la vida. Sin embargo, también hay una tarea manifiesta llevada a cabo por aquellos que intentamos, a través de la nostalgia y la memoria, redimir del inconsciente colectivo aquellos sucesos y actividades que nos marcaron a fuego y nos hicieron las personas de bien que hoy somos. Tengo la profunda convicción de que junto a mí se encuentran muchísimas personas que se resisten a olvidar y predican con énfasis para darles valor a las cosas que nos han hecho felices.

Así que me remonté a la antigüedad, cuando funcionaba el «de boca en boca», esa manera particular de expresar y transmitir la vida misma de forma oral a fin de mantener vivas las costumbres. Y recordé aquella máxima que establece que todos llevamos a un niño dentro. ¿Por qué digo esto? Porque de jugar se trata. La vida es un juego. Y si hablamos de juegos, me remonto a mi infancia, a los juegos de mi niñez y la de todos, porque la felicidad es universal. Sabemos que el tiempo pasa, pero no sucede así con todo. De modo que me dispuse a bucear en mis recuerdos y mi imaginación con el propósito de desterrar del olvido a aquellos juegos que luchan por su subsistencia, por permanecer en el acervo popular, porque es en el recuerdo donde se ponen de manifiesto la reivindicación y la lucha por evitar el desuso y la marginación.

¡El tiempo de juego! Ese momento especial, único, cuyo objetivo no solo es el entretenimiento y pasar el rato. El juego cumple un papel fundamental en nuestro desarrollo, ya que por medio de él se activan y estimulan capacidades como la afectividad, la motricidad, la inteligencia, la creatividad y la sociabilidad. El juego es la razón de ser de nuestra infancia.

Por tal motivo, tomé lápiz y papel y comencé a enumerar la lista de los juegos que se practicaban en mi niñez. Y mientras evocaba cada uno de ellos, me invadía una clara muestra de congoja. La nostalgia me trasladaba a todas aquellas tardes dedicadas a cada uno de dichos juegos. A los encuentros con amigos que quizás nunca más volví a ver. Con mis primos. Con todos los que fuimos fieles testigos de interminables jornadas.

Y la lista es extensísima.

Las niñas jugaban al elástico, a saltar la soga y a la rayuela, mientras iban desde la tierra al cielo saltando del uno al diez en una pierna.

¿Te acuerdas del tinenti o la payana? ¿Aquel juego con cinco piedritas en el que arrojabas una al aire e ibas tomando el resto con la misma mano antes de que la que lanzaste cayera al suelo?

¿Y la ronda? También el famoso juego del huevo podrido, con su cántico: «Jugando al huevo podrido se lo tiro al distraído. Si el distraído lo ve, ese huevo se lo tira a usted». O la gallinita ciega. O el gran bonete. ¿Recuerdas qué es lo que se decía en este?

—Al gran bonete se le ha perdido un pajarito y dice que tal persona lo tiene.

—¿Yo, señor?

—Sí, señor.

—No, señor.

—Pues entonces, ¿quién lo tiene?

Me acuerdo de las interminables horas que pasábamos enfrascados en los juegos de persecución, como la mancha en sus diferentes variables, la mancha estatua o congelada y la mancha venenosa. Además estaban el gato y el ratón, así como también el Poliladrón, o el policía y el ladrón.

Tal vez añores el juego llamado *Juguemos en el bosque*, en el que la ronda de participantes arengaba: «Juguemos en el bosque mientras el lobo no está. ¿Lobo, estás?». «¡Me estoy poniendo los pantalones!». Y así sucesivamente.

Canciones típicas como *Arroz con leche me quiero casar, La farolera tropezó, La paloma blanca, La ronda de San Miguel, Aserrín, aserrán, A la rueda rueda, de pan y canela, Mambrú se fue a la guerra, Mantan tiru liru lá* y *Antón pirulero*, con su clásico estribillo: «Antón, Antón pirulero, cada cual, cada cual atiende su juego. Y el que no, y el que no, una prenda tendrá».

Recuerdo el *Veo veo* y sus preguntas y respuestas:

—Veo, veo.
—¿Qué ves?
—Una cosa.
—¿Qué cosa?
—Maravillosa.
—¿Qué color?
—Color, color...

El Martín Pescador con su cantinela: «Martín Pescador, ¿se podrá pasar? Pasará, pasará, pero el último quedará».

Las escondidas, aquel juego grupal donde nadie quería contar en «la piedra» y todos deseaban ser el último héroe, aquel justiciero que fuera más rápido que quien buscaba a los participantes escondidos, tocando la pared y gritando con tono triunfal: «¡Piedra libre para todos mis compañeros!».

¿Qué me dices del balero? ¿Has jugado? ¿Has logrado embocar el palito en el agujero de la gran bola de madera?

¿Y qué tal eras a la hora de las sombras chinescas? ¿Eras capaz de crear con las sombras de tus manos diversas figuras en la pared?

¿Y cuán eficaz eras con el «Dígalo con mímica»? Aquel juego mudo donde los participantes se expresaban con movimientos y mímica, sin poder hablar, y cada uno debía adivinar lo que quería decir el otro.

¿Y «El rango», donde cada niño iba saltando por encima del que tenía inclinado adelante hasta colocarse de primero en la fila?

Dime la verdad, ¿has remontado cometas o papalotes? ¿Aquellos planeadores de cañitas y papeles de colores y flecos que seguramente tu padre o tu abuelo te ayudaron a remontar en las tardes de viento?

¿Fuiste piloto de avión y capitán de la marina con aquellos avioncitos o barquitos de papel que construía algún mayor y tú intentabas mantener en el aire o a flote?

Recuerdo cuando el yo-yo llegó a mis manos, así como el tiempo que le dediqué a ese objeto, las horas de práctica y la satisfacción de poder lograr las más variadas figuras y movimientos.

El eterno «Tres en línea» y el inefable «Ni si, ni no, ni blanco, ni negro», donde se entablaba una conversación entre dos y uno de los jugadores acosaba a preguntas al otro obligándolo a contestar, pero sin poder decir las palabras *sí, no, blanco* y *negro*.

También estaba el juego del desafío de «Piedra, papel o tijera».

Y los soldaditos. ¿Quién no tuvo un pasado bélico inocente? De niños dramatizábamos las escenas de guerra utilizando los más variados ejércitos, los cuales eran derrotados por la acción de armas tan poderosas como banditas elásticas o pelotas de papel, acompañada por los sonidos de tiros y bombas que realizábamos con nuestra voz.

Las carreras de sacos, donde se apelaba a la habilidad de poder correr con ambas piernas dentro de un saco o bolsa y llegar a la meta.

El juego de las sillas, en el que se bailaba alrededor de ellas y se iba eliminando una silla, entonces cuando la música se detenía, todos trataban de sentarse y no ser el que se quedara de pie.

La cincha o cinchada, donde dos grupos ponían de manifiesto su fuerza tirando de ambos lados de una cuerda e intentando llevarla a su lado y desparramar a los contrarios.

¿Te acuerdas de la infinidad de juegos de mesa? ¿Cuál era tu preferido? ¿El juego de la oca? ¿El estanciero? ¿La generala? ¿El tutti frutti?

¿Has jugado a la pulseada? Ese juego de fuerza que consiste en el enfrentamiento físico de dos jugadores que, a ambos lados de una mesa y apoyando un codo sobre ella, se toman firmemente de la mano y desde el momento en que se da la orden de comenzar empujan cada uno hacia su lado sin mover el codo. Gana quien consigue que la mano de su adversario toque la mesa o algún dispositivo colocado al efecto. Se trata de una prueba para determinar quién tiene más fuerza.

Y así podría seguir y seguir. Es increíble. ¡Cuántos juegos poblaron nuestra niñez!

Sin embargo, ¿qué nos sucede a los adultos que ya no jugamos?

Si a través del juego se aprende, se libera energía, se comparte y se crea, ¿por qué dejamos de hacerlo?

¿Estamos tan «almidonados» y «estructurados» que nos parece que los demás se reirán de nosotros?

¿Hay algún reglamento social que diga que los mayores no deben jugar?

¿Dónde ha quedado nuestro niño interior?

No dejamos de jugar porque nos hacemos viejos, nos hacemos viejos porque dejamos de jugar.

CAPÍTULO 12

¿AMIGOS O CÓMPLICES?

A veces escuchamos decir por ahí: «Este es mi amigo». ¿Por qué? Porque no informó del robo de su supuesto amigo, ni que distribuye drogas paralelamente a su elegante trabajo. ¿Amigos? ¿Cómplices? ¿Cómo llamarlos, cómo identificarlos o qué son más exactamente? ¿Quién es un amigo?

Un amigo es alguien que no siempre debe decir que *sí*, justamente porque en su condición de amigo debe también decir que *no* a lo incorrecto sin temer a perder la amistad en el proceso.

Hay ciertos tipos de amistades que le quitan el manto sagrado a palabras tan bellas como lo son *amistad* y *amigos*. ¿Cuándo ocurre eso? En el momento en que llamándose amigos algunos hieren la espalda del que les regaló un pedazo del corazón en sincera amistad. La traición es tan solo un abuso de la confianza concedida.

¡Qué palabra y qué fenómeno para analizar es la traición y el efecto de traicionar! Pensar en traición significa pensar en primer lugar en ingratitud. El traidor es en esencia un gran ingrato. Alguien que cegado por su ambición personal, oculta y bien secreta, no duda en faltar a la palabra que alguna vez empeñó con todo honor.

El traidor lidera un atentado, una especie de conspiración organizada. La traición surge como alternativa válida —aunque siempre es inválida— cuando no pudiendo obtener por medios legítimos lo que se desea con enfermiza pasión, se da un paso al costado y se condena al amigo a soledades y realidades indescriptiblemente dolorosas.

La traición es un atentado injusto a la simpleza y la amistad más sincera. Traición es no decir la verdad. Es desollar al amigo en su ausencia en nombre de hacerle un bien. Traición es una falta grave a la palabra empeñada. Traición es un oportunismo barato que usa las espaldas del amigo para escalar a posiciones más altas por medio de métodos a todas luces ilegítimos.

La traición es el acto de un traidor, y un traidor es un cobarde capaz de hacer y decir a los cuatro vientos lo que no se anima a decir cara a cara. Traición es la construcción de una telaraña a espaldas del amigo, con el solo propósito de atraparlo en la emboscada y dejarlo fuera de la carrera. Traición es desaparecer cuando se pide cuentas y razones de ciertas actuaciones. La traición la cometen algunos supuestos amigos, y si como amigos son capaces de actuar así, no son amigos en realidad. La traición es la perversa ventaja que obtiene alguien que dice ser un amigo detrás de un disfraz llamado *amistad* y *fidelidad*, y en nombre de un apetito insaciable por quedarse con lo que el otro tiene y ha construido.

¡Que nadie te catalogue como un traidor a la confianza que un amigo te haya obsequiado!

Aunque parezca inaceptable, lo cierto es que ese fenómeno que usa a la amistad para ocultar otras motivaciones e intenciones, las cuales tienen poco que ver con la esencia misma de la amistad genuina, existe y es real. Aunque suene duro, eso de «soy amigo de fulano porque es funcional a mis propósitos» resulta tan habitual, tan de todos los días, que ya no sorprende a nadie.

Con toda razón andamos entonces por la vida cuidándonos de esa clase de personas toda vez que se acercan a nosotros. Tal fenómeno es mucho más palpable cuando, como resultado de la visión y el esfuerzo propio, alguien trasciende llegando a ocupar posiciones estratégicas, pues esto conlleva dos cosas muy apetecibles para todo cazador de posiciones: contactos y dinero. Ya todos lo sabemos. Toda persona ubicada bien alto en la pirámide del progreso se verá rodeada de supuestos y pegajosos amigos, solo por el hecho de tener contactos estratégicos y la posibilidad de hacer algún dinero.

En esas circunstancias aparecen tantos amigos como para tirar al techo y exportarlos al lejano oriente, e incluso quedan otros tantos como para darnos una indigestión de supuesta amistad. Lo curioso de esto es que esos son amigos que llegan con el éxito. No se buscan, llegan, aparecen. Se ofrecen, persiguen con la voracidad y la determinación de un sabueso profesional. Se muestran exageradamente atentos y dispuestos a servir al amigo elegido... o al blanco seleccionado o el escalón escogido para llegar a donde realmente quieren llegar, tocar a quien realmente quieren tocar, y lograr lo que realmente quieren lograr.

Lo triste de esta clase de amistad es la hipocresía con la que opera el supuesto amigo al vender una imagen de fidelidad que no es real. Es a todas luces ofensivo y doloroso saberse solo *un medio* y no *un fin*, algo que ocurre cuando valgo no por lo que soy, sino por los contactos que poseo y las personas y esferas a las que el supuesto amigo puede acceder a través de mí. Soy su oportunidad, él se dio cuenta y yo miro la luna de Valencia.

Hay círculos a los que solo tú puedes acceder. Y quien se haga amigo tuyo tendrá entonces en teoría acceso a esos círculos. Él llega allí, tú fuiste solo un medio. Las amistades convenientes se involucran en mi vida, pero no tienen interés en mí, sino solo en aquellos a los que pueden llegar a través de mi persona. Las amistades convenientes son altamente inconvenientes, ya que no tienen interés en construir nada que no sea la propia y más egoísta trascendencia.

Que nadie te considere otro más de los miles de oportunistas que, por lograr lo que quieren a cualquier precio, no tienen escrúpulos en llamarse amigos y traicionar a los que con toda simpleza confiaron en ellos.

CAPÍTULO 13

LA FAMILIA «UNITA»

Y llegaba el domingo. El día más esperado de la semana. Aquel que toda la familia deseaba que llegara. El día del encuentro, de compartir el almuerzo familiar con los de uno, los de tu sangre.

La jornada arrancaba temprano. Luego del desayuno y la lectura obligada del periódico, comenzaban los preparativos, un entramado de piezas perfectamente coordinadas. Todo estaba previsto desde antes. No había lugar para la improvisación. Las compras, las bebidas, la casa impecable, organizada, con todos vestidos para la ocasión. Luego llegaban las visitas, y esas visitas eran nuestros familiares. Uno se comportaba no al extremo de una fiesta, pero tampoco tan informal.

Los chicos teníamos que ayudar, impulsados por el grito materno. Organizar la habitación y poner la mesa eran las órdenes a cumplir a rajatabla. Ya adolescentes, la lucha era despertarse a tiempo. Era imposible, casi un pecado, seguir de largo y no participar del suceso. Como fuera, uno tenía que estar presente. Era el momento del encuentro. De sentirse todos partes de algo, de un grupo, de una historia entre tantas historias.

El encuentro tenía una costumbre repetida en todos los hogares: el televisor encendido de fondo o como un protagonista más. Y es que durante años la televisión argentina hizo de este ritual familiar, el almuerzo de los domingos, todo un culto.

Los Campanelli fue una serie de televisión argentina con situaciones de tipo comedia, creada y dirigida por Héctor Maselli, con libretos de Juan Carlos Mesa, Jorge Basurto y Oscar Viale. Se emitió al mediodía de cada domingo entre 1969 y 1974, convirtiéndose en la familia más famosa de la televisión argentina.

Mostraba situaciones cómico-dramáticas de una típica familia extensa argentina de clase media (con hijos en ascenso social y cuyo patriarca era de ascendencia italiana), la cual se reunía cada domingo a comer platos dominicales típicos, como ravioles, el asado o tallarines caseros «hechos por la *nona* (abuela)».

En cada casa se repetía el mismo escenario. Era la tradición de cada domingo, con todo empezando muy temprano. Las ollas a todo vapor. El fuego encendido a tiempo, con precisión de relojería. La carne asándose a fuego lento.

Pero volvamos a los Campanelli. Cada programa de la serie semanal (que tenía un enorme índice de audiencia) presentaba a una pareja de adultos mayores que mediante el amor a sus hijos e hijas (sanguíneos o políticos) promovía un encuentro donde se producían rivalidades, conflictos y disputas de todo tipo entre los integrantes. Y esa eterna batalla familiar terminaba a la hora del almuerzo cuando Don Carmelo, el patriarca, proclamaba con fuerte acento italo-argentino (cocoliche): «¡Basta! *¡Non quiero oire ni el volido de una mosca!*». Él se hallaba a la cabecera de la mesa, en ese trono familiar, el lugar designado para el jefe de la familia, en el cual uno ni intentaba sentarse, aunque sabía desde niño que algún día le tocaría ocuparlo.

Luego, cuando los comensales se calmaban, el mismo padre estimulado por la esposa se expresaba alegre y casi nostálgico, abrazando a su mujer en la cabecera de la mesa y exclamando sonriente: «¡Qué lindos son los domingos! ¡No hay nada más lindo que la familia *unita*!». El mensaje era claro. El amor entre todos los integrantes de la familia siempre terminaba prevaleciendo por encima de las miserias cotidianas que pudieran enfrentar en algún momento.

Años más tarde llegó *La familia Benvenuto*, otra telecomedia argentina protagonizada por Guillermo Francella, que se emitía también los domingos al mediodía, en vivo, entre los años 1991 y 1995. La idea y la producción general pertenecían al mismo Héctor Maselli de los

Campanelli. El formato del programa era similar al de la otra famosa serie anterior. Así ambas familias compartían intencionalmente algunas características, entre las cuales estaban que los Benvenuto eran de ascendencia italiana y todos los domingos se reunían a almorzar pastas.

En realidad, la televisión no hacía otra cosa que reflejar lo que sucedía en los hogares. Las familias se congregaban alrededor del televisor y realizaban su propio programa. Y allí confluían todos al mismo tiempo con sus historias, risas, voces elevadas, discusiones, peleas, disputas infaltables sobre el fútbol, la política y el trabajo, comentarios oportunos sobre el crecimiento de los hijos y nietos, anécdotas y recuerdos. Eso es, los recuerdos otra vez sobrevolando el pasado.

Los niños no emitíamos palabra alguna cuando un mayor estaba hablando. Nosotros solo comíamos y escuchábamos. Luego, esperábamos ansiosos el permiso del padre para levantarnos de la mesa e irnos a jugar, siempre con las recomendaciones de alguna tía de esperar hasta terminar la digestión para hacer ejercicio.

Una vez concluida la ceremonia, las mujeres levantaban los platos y eran las encargadas de la limpieza. En la mesa quedaban los hombres y los rastros de un almuerzo intenso, vívido.

Y ahí comenzaba otro capítulo de la caravana del domingo: la sobremesa. Llegaban el café, las masas y algo dulce, los cuales se disfrutaban escuchando las anécdotas y cuentos familiares que más de una vez se repetían semana tras semana.

De pronto, con el correr de la tarde, el patriarca desaparecía. La siesta también era un acto irrepetible e impostergable. Algunos otros lo imitaban en un sillón. Era el momento de la tranquilidad, en el que las mujeres continuaban su gran charla sobre asuntos femeninos con partidas de cartas incluidas.

Hasta que llegaba la hora de irse. Las despedidas, los saludos, la promesa de volver. En realidad, ya eso se daba por hecho. Al domingo siguiente todo volvería a repetirse. Entonces caía la noche y venía el silencio.

Y llegaba el lunes.

CAPÍTULO 14

JUNTOS A LA PAR

Siguiendo con mis descubrimientos en las Sagradas Escrituras, ahora me encontré con una serie de afirmaciones que debo reconocer son más que alentadoras. El texto en cuestión dice así: «Mejores son dos que uno; porque tienen mejor paga de su trabajo. Porque si cayeren, el uno levantará a su compañero; pero ¡ay del solo! que cuando cayere, no habrá segundo que lo levante. También si dos durmieren juntos, se calentarán mutuamente; mas ¿cómo se calentará uno solo? Y si alguno prevaleciere contra uno, dos le resistirán; y cordón de tres dobleces no se rompe pronto» (Eclesiastés 4.9-12).

Ahora bien, por encima de la opinión que tengas de la Biblia, lo cierto es que esta es una afirmación que tiene una luz tan efectiva que no puedo ni quiero despreciarla. Así que con un entusiasmo desbordante recibo y celebro tales palabras como más que oportunas. Reflexionemos un poco en lo que hemos leído.

En primer lugar se afirma: «Mejores son dos que uno». *Mejor* no es *peor*, es mejor, excelente, superior. Siempre es mejor la posibilidad de que dos personas enfrenten juntas la vida en vez de una sola. Eso siempre es mucho mejor y más excelente. Evidentemente, el consejo del sabio aquí se deriva de su experiencia, de todo lo que ya ha vivido y sufrido. Por eso, él exhorta con total autoridad a darle prioridad a la posibilidad de andar por la vida acompañado, en vez de vivirla solo. Entonces, si eso es lo mejor, yo lo quiero para mí. Si es mejor andar de a dos, no quiero andar solo.

JUNTOS A LA PAR

Cuando dos personas permanecen juntas, si alzan una bandera, será para anunciar que son ambos los que han alcanzado lo que se logró. Es mejor de a dos, en pareja, codo a codo y decisión a decisión. Mejor son dos que uno. ¿Por qué? Porque habrá mejor paga. Este es un principio bien básico y muy sencillo de entender, aunque un tanto complejo de aplicar para una mentalidad en la que la competencia es un estilo de vida y la cooperación una especie jurásica en franca extinción. Simple. Si uno gana cien, dos pueden ganar doscientos. Hay un beneficio de neto corte financiero en una alianza de dos. Por eso resulta mejor, porque en la asociación adulta se obtienen más ganancias y se reparte más dinero. Por supuesto, para que esto sea posible la mentalidad competitiva y egoísta por naturaleza debe ser cambiada por una mentalidad de cooperación, inequívocamente solidaria y saludablemente inteligente. Eso es excelencia.

Hacer alianza con otros es siempre mejor. Hay más visión, mejores metas, menos esfuerzo, más consejos y más recompensas económicas. Si esto es mejor, entonces es lo que quiero. Y aún hay más. Mejor son dos que uno. ¿Por qué? Porque habrá un auxilio inmediato.

La difícil experiencia de sufrir una crisis se hace mucho más fácil junto a otro. Un sentimiento de protección nos invade por el solo hecho de saber que hay otro que correrá en nuestra ayuda. En una competencia, alguien ve caer a su rival y celebra tal desgracia. Mejor son dos que uno, porque cuando uno cae el otro no lo remata, sino que lo levanta, lo eleva, lo alza. Se trata de un beneficio que no solo impedirá hacer leña del árbol caído, sino más bien que lo afianzará una vez más y fortalecerá sus ramas. Aquellos que adoptan esta decisión como estilo de vida y convicción jamás afirmarán o gritarán escandalosamente: «¡Eso era lo que se merecía!», como tampoco se sorprenderán de que una persona haya tardado tanto en caer.

Sí, mejor son dos que uno, porque no se buscará la muerte ni la desintegración del otro. No se deseará el mal ni se esperará lo peor. Por el contrario, se trabajará estoica y desinteresadamente para evitar esas desgracias. Jamás se mirará con ojos satisfechos a un compañero caído. No, nada de eso.

Mejor son dos que uno. Porque si un amigo cae, el otro lo levanta. Eso establece una relación vital. No son amigos debido a las circunstancias, ni por conveniencia, ni tampoco producto de la ocasión. Son amigos, socios o esposos, no importa; pero lo cierto es que han decidido andar juntos, unidos por medio de un pacto sagrado, y debido a esa convicción no habrá ocasión que justifique el abandono ni tampoco la traición.

Si uno cae, el otro corre hacia él y lo levanta. Vuelve a elevarlo. Lo alza y lo sube a su cumbre de nuevo. ¡Ah sí, claro que sí! Mejor son dos que uno, porque por esa bendita verdad no habrá soñadores que mueran al costado del camino de la vida. Habrá quienes caigan, pero así como habrá inhumanos que celebren esa caída, también habrá siempre quienes simplemente vengan detrás levantando a los heridos.

Esa es su convicción: levantar a los quebrantados y llevar en andas a los humanos traicionados, lastimados y golpeados. ¿Por qué? Porque simplemente son de los que conservan la poderosa creencia convertida en esperanza y modo de vida de que todos pueden recuperarse y volver a escena una vez más. Eso es grandeza sin límites, y si tú corres para levantar antes que correr para rematar, es para mí un honor saludar a un *grande* como tú, así como también que ese par de ojos sinceros tuyos esté leyendo estas líneas.

Por Dios, que la vida no te encuentre rematando amigos, sino levantándolos una y otra vez. Levántalos. Sí, solo eso, levántalos. Eso querrás que hagan contigo cuando llegue tu turno.

Mejor son dos. ¿Por qué? Porque habrá cobertura inmediata. Dos se calientan mutuamente. Tal verdad en nada presupone connotaciones de tipo sexual o cosa similar. Esta es una alusión directa al frío que se asocia con la soledad. El argumento que descansa detrás de esta poderosa afirmación es que la mejor arma que existe para enfrentar el frío es el calor. Y no siempre el calor producido por alguna clase de combustión es el más efectivo. Existe también la calidez de un abrazo significativo, incondicionalmente humano, que muchas veces es tanto o más efectivo que el calor de la leña o el calefactor.

Las imágenes de mis compatriotas en medio de las duras condiciones del tiempo invernal en el sur patagónico los muestran gallardamente enfrentando el frío y el olvido de los gobiernos de turno con algo de leña, unas cuantas frazadas y muchos, pero muchos abrazos para mantener el calor. Es que no se trata de darle al que tiene frío una frazada e invitarlo a que entre en calor solo o como pueda. Mucho menos se trata de repartir unas bolsas con leña para una semana. Se trata de ofrecer el calor que llevamos adentro.

Nunca un leño ardiendo calentará mejor que un corazón encendido. No habrá calor transmitido si no hay cercanía de cuerpos. La única manera de brindar el calor de nuestros cuerpos es manteniéndonos cerca. La lejanía llama al frío. La cercanía transmite el calor. La sensación de la mayoría de los mortales es que nuestras relaciones son tan plásticas, tan protocolares, que la ayuda, el auxilio y la cobertura para el que tiene frío se reduce solo a cumplir con una obligación de tipo legal. Una obligación que nos afecta e involucra de labios para afuera, y difícilmente nos coloque en un nivel de compromiso, sacrificio y entrega que supere la mera palabrería que intenta convencer a alguien de que se está ayudando al que tiene frío.

Así que algo falta en nuestras relaciones humanas. Más calor. Un calor producido por una cercanía voluntaria y necesitada. En realidad, y producto de que vivimos tan distantes el uno del otro, la indiferencia, la solidaridad con cuentagotas y la hipocresía de mostrarnos como pequeños y supuestos mesías del que sufre en soledad dan como resultado una humanidad dividida como jamás se ha visto en toda la historia. Naciones enteras se encuentran fracturadas. ¿Por qué? Porque estamos distanciados. Mejor son dos que uno, porque no habrá quien muera de congelamiento mientras otro esté dispuesto y decidido a transmitirle su calor, a regalarle un abrazo, a cubrirlo con su cuerpo como si fuera una frazada humana, y más humana que nunca. De otra manera el frío del abandono —del «arrégleselas como pueda» y el «sálvese quien pueda y como pueda»— seguirá marcando el ritmo y la distancia en todas nuestras relaciones humanas maltratadas y caracterizadas por el abandono.

De modo que no envíes abrazos, ve a darlos en vivo y en directo. De cuerpo presente. Acorta las distancias, acércate a tu mujer y abrázala todo el tiempo que sea necesario, mientras llora sus complejos.

Acércate y abraza todo lo que sea necesario al hijo que no honra. Acércate y abraza el tiempo que sea necesario a tus cansados viejos, que entrados en años ya lloran sus frías soledades.

Mejor son dos que uno, porque unidos en un abrazo solidario se impiden mutuamente morir solos sumidos en sus problemas. Es mejor, claro que sí. Porque cientos de mortales no solo necesitan sermones, también esperan abrazos. No necesitan consejos enviados por correo electrónico, sino una cercanía silenciosa y desinteresada que calienta, escucha y salva como nadie se lo imagina.

Varios mortales juntos, pero con sus manos guardadas en sus bolsillos, no es una imagen mejor que la de esos mismos humanos sonrientes, con los brazos cruzados por sobre sus hombros en un abrazo espontáneo. No señor, no es mejor imagen. Mejor son dos. ¿Por qué? Porque habrá mejor defensa y mayor resistencia.

Hay beneficios no descubiertos en la bendición de acoplar fuerzas, de unir esfuerzos, de ir por la vida acompañado. He aquí otra sabia afirmación que se encuentra en el texto que estamos considerando: «Si alguno prevaleciere contra uno, dos le resistirán». Sorprendente máxima de sabiduría. Digna de ser desempolvada y puesta en acción de manera inmediata. ¡Uno solo puede ser vencido, pero dos pueden resistir! Si acaso no hubieras experimentado esta verdad en tu vida diaria, te has perdido un verdadero manjar en materia de producir resultados.

Tal frase es interesante no solo como sabia afirmación, sino también como poderosa opción. Todos alguna vez estuvimos y aún estaremos bajo alguna forma de ataque directo y personal. ¿Dudaron de tu ética? ¿Tiraron a la basura tu moral? ¡Hablaron, hablaron y hablaron de ti solo para hacerte mal? ¡Pues bien, bienvenido al club! Y esto me ha permitido aprender algo que ya es parte de mi mejor patrimonio: ¡que tales contingencias se enfrentan mejor de a dos y no en soledad! Entonces, ¿por qué pelear solo? ¿Por qué resistir aislado de todos? ¿Qué hace que uno se cierre a la opción de ser auxiliado? ¿Por qué pelearse con los que quieren ayudar? ¿Por qué maltratar al que quiere colaborar para encontrar nuestro destino? ¿Por qué dejar afuera a los que deben estar adentro? ¿Por qué estar solo y por qué querer seguir estándolo?

La conducta humana resulta incomprensible e imprevisible. Cuando todo hace suponer que en medio del conflicto un hombre pedirá ayuda —o si no lo hace, la aceptará naturalmente— se cierra y levanta una muralla que no solo impide acceder a él, sino que le sirve de escudo para atacar y maltratar a los que quieren auxiliarlo bien de cerca. Agredir al que viene a socorrer es como destruir la ambulancia de los paramédicos que vienen en mi rescate.

¿Qué es eso? ¿Enfermedad? ¿Autosuficiencia? ¿Vergüenza? ¿Soberbia? En fin, vaya uno a saber. Pero sin importar cuál sea la razón, algo hay que hacer. ¡Es necesario cambiar! Debes decidir explorar esta maravillosa opción. ¿Cuál? La de viajar por la vida de a dos.

Siempre será de mayor beneficio aceptar la posibilidad de que alguien nos defienda y ponga su pecho a las balas para protegernos. Es mejor, mucho mejor, que otro crea por mí cuando yo no crea. Que otro me dé su pañuelo. Que otro salga en mi defensa gritando a los cuatro vientos mis virtudes más que mis defectos. Que otro, mirándome a los ojos, me confirme de una y mil veces la indudable seguridad de que puedo contar con él.

¿Das o quitas pañuelos? ¿Defiendes virtudes o gritas los defectos? Vayamos avanzando en la dirección de descubrir lo que realmente es ser un amigo, lo que significa una relación vital.

Juntos a la par.

CAPÍTULO 15

YO FUI JOHN WAYNE

Parto de una premisa: en cualquier punto inimaginable del planeta alguien ha vivido una situación parecida a la mía. Eso me otorga, al menos es mi deseo, la complicidad y la compañía de alguna otra persona. Resulta fundamental no sentirse solo. Muchas veces creemos que las cosas nos suceden a nosotros nada más, pero no es así. Y es una suerte, ya que esto nos hermana, nos iguala y evidencia que somos parte de una especie que vive circunstancias similares.

Esta breve introducción tiene el objetivo de aliviar mi inseguridad con respecto a ciertas acciones que marcaron a fuego mi niñez. Sospecho que durante ese tiempo en mi país no había muchos que ambicionaran lo mismo que yo. Aunque esto es una presunción. Quizás me equivoque y fuéramos unos cuántos los que jugábamos a lo mismo.

Permíteme explicarte.

El cine estadounidense siempre tuvo una fuerte influencia, sobre todo en Latinoamérica. En lo que a mí respecta, fui un declarado y ardiente fan de los filmes del viejo oeste o *westerns*. Las películas de vaqueros. Esto puede parecer ciertamente extraño viniendo yo de un país con una fuerte tradición gauchesca. El gaucho, el Martín Fierro, el campo, en fin, todas esas raíces autóctonas no calaron tan hondo como el dominio de los *cowboys* en mi infancia lúdica. Fue el cine estadounidense el que me cautivó. Y no siento ningún pudor ni prurito al decirlo.

Las tardes de lluvia de «los sábados de súper acción», como se le denominaba a la continua proyección de filmes de vaqueros desde pasado el mediodía hasta entrada la tarde, eran sagradas. Nada lograba que me apartara del único televisor en blanco y negro que teníamos en la sala. Y digo de lluvia porque en esa época solo nos dejaban ver televisión si el clima no resultaba adecuado para estar afuera. Si el día estaba soleado y luminoso, no había manera de poder entrar hasta el ocaso.

Ahora bien, ¿recuerdas quien era John Wayne?

Han pasado más de cien años del nacimiento del vaquero más famoso del cine y actor fetiche de John Ford, con el que rodó un puñado de *westerns* míticos, entre ellos *Centauros del desierto*, *El álamo* y *La diligencia*. Wayne fue una de las grandes estrellas del cine del siglo veinte, con cincuenta años de trayectoria profesional a sus espaldas, un currículum de ciento ochenta y un títulos, y varios premios, entre ellos un Oscar al mejor actor en 1969 por *Valor de ley*. Su carrera comenzó en el cine mudo y acabó convertido en una leyenda. Él es quizás el actor más emblemático del cine de los Estados Unidos. Fue elegido por Hollywood para representar los valores del héroe estadounidense: la fuerza, la virilidad, el coraje, la vitalidad y el patriotismo. Todo un icono.

Para los estadounidenses es el hombre que todos hubieran querido ser. Más que un actor, es un símbolo, una señal de identidad tan válida como su bandera. Es el ejemplo más claro del divo que transfirió su ideología al personaje que interpretó y el personaje a su propia imagen pública.

En lo que a mí respecta, crecí viendo sus *westerns*. Así que cada vez que disfruto de una de sus películas, me entra cierta nostalgia de mi infancia.

No obstante, el punto es que yo también fui un John Wayne. Y a esto se debe la mención de si hubo más niños como yo que jugaran a serlo. Presiento que sí, porque lo más maravilloso y sagrado que tiene la niñez es la posibilidad de soñar. La impunidad para darle vuelo a nuestra imaginación. En nuestra niñez no existe el miedo al ridículo, no hay cuestionamientos. Solo hay ganas de ser alguien, de jugar. Deseos de sentirse libre. Y es a partir de esa libertad que uno se expresa.

Yo me vestía como un vaquero y era uno de ellos. Nombres tales como Sam, Ted o Tom pasaron a ser mi identidad. Usando sombrero, un pañuelo anudado al cuello, cartucheras con pistolas de balines, y sorteando las limitaciones propias de encontrar un vestuario acorde en una casa lejana al territorio estadounidense, uno intentaba humildemente parecerse a un verdadero *cowboy*.

Una cosa sí podíamos hacer, tomar agua de un trago simulando beber whisky bien fuerte. Ese que raspaba la garganta. Sin embargo, había otra que no podíamos imitar, y era encender un fósforo para el habano. Primero, porque no fumábamos, y segundo, porque las suelas de goma de las zapatillas no eran adecuadas para tal fin como las botas de John Wayne.

Tenía dos caballos fieles. Uno, era la cerca que dividía el patio en dos. Colocaba sobre el borde de la cerca todo tipo de mantas y trapos a modo de montura. Una cuerda anudada al picaporte de esta servía como riendas. Y por supuesto, el rifle no podía faltar. Un palo era cortado para cumplir a la perfección con dicho destino y un clavo cerca de un extremo actuaba como gatillo.

El otro de mis corceles era la escoba puesta al revés. La parte de la paja representaba la cabeza del equino, y colocando el palo entre mis piernas podía cabalgar por todo el parque de la casa, que oficiaba de escenario natural para recrear las escenas cinematográficas.

Entonces comenzaban los conflictos. Las escenas de tiroteos. Escondidos o montados sobre nuestras escobas se producía una auténtica balacera vocal. Había que vernos caer de nuestros caballos en movimiento al ser heridos por una bala certera del vaquero «malo». Los conflictos entre los hermanos estallaban. Hermanos que en este caso eran rivales directos. «Yo te maté primero». «Tú no te mueres nunca, así no juego más». Si no era a tiros, las diferencias se dirimían con los puños, como en la televisión. Lanzábamos golpes al aire cercanos al mentón de nuestro adversario, para luego caer como un verdadero vaquero.

Ha pasado el tiempo y mis recuerdos siguen todavía vigentes. Seguramente hoy día no habrá niños que jueguen a ser vaqueros. Ellos tendrán sus iconos, sus historias, su niñez. Ni mejor ni peor, sino la de cada uno.

Lo que más me llevo de esta crónica, de este hermoso recuerdo, es, como dije antes, la posibilidad de soñar. De ser quien uno quiera ser. De jugar. Me resulta imposible ver la vida sin sueños. Y lo mismo deseo para ti, que nunca dejes de soñar. Siempre seremos niños hasta el fin de nuestras vidas.

Y a modo de confesión, te cuento que aún hoy veo una escoba y creo estar viendo a mi caballo.

Porque yo también fui John Wayne.

CAPÍTULO 16

Y NUNCA FUE

La primera vez que escuché «Con la frente marchita», la famosa canción del cantautor español Joaquín Sabina, quedé impactado por su letra. La misma cuenta la historia de un amor imposible, el cual había comenzado de manera promisoria y quedó inconcluso por un viaje inevitable que provocó una separación definitiva.

Según la canción, el protagonista no puede desconectarse de ese romance trunco y va detrás de aquella mujer que se esfumó sin dejar rastros. Al no poder encontrarla, estalla en lágrimas de impotencia y termina gritando en la Plaza de Mayo, uno de los lugares más emblemáticos de la ciudad de Buenos Aires, capital de Argentina: «¿Dónde estás?».

Una frase de la canción me conmovió en particular y me hizo reflexionar en los caprichos de nuestra mente: «No hay nostalgia peor que añorar lo que nunca jamás sucedió».

¿Es posible añorar algo que jamás sucedió? ¿Una historia de amor que no llegó a concretarse puede marcarnos más que los romances que sí existieron y resultaron duraderos? ¿Esas relaciones inconclusas fueron tan fuertes como las recordamos, o han crecido en nuestra memoria con el paso del tiempo? ¿Sentimos nostalgia por aquello que realmente vivimos o por lo que podría haber sucedido?

Tantas preguntas me invitaron a pensar por qué esas historias de amor sin desarrollo ni final, que a los demás les parecen mínimas y carentes de importancia, resultan poco menos que una obsesión para quienes las han protagonizado.

Una posible explicación es que los seres humanos tendemos a idealizar las situaciones que quedan inconclusas, detenidas en el tiempo. El hecho es comparable con la muerte de alguien popular a edad temprana, en el apogeo de su carrera. Su imagen se convierte en leyenda, ya que no sufre la erosión del paso de los años. No envejece, no comete errores, no desilusiona, defrauda ni traiciona. Queda en la cima para siempre. Nunca fracasa. No se desgasta.

Entiendo que con los amores sucede exactamente lo mismo. Un romance como el de la canción de Sabina queda detenido en el tiempo en su etapa de la seducción y la conquista, con el enamoramiento en su estado puro, sin el desgaste de la convivencia, los altibajos económicos, las discusiones cotidianas ni los celos.

Mientras reflexionaba al respecto, me pregunté por qué motivo la frase en cuestión me afectó de manera tan personal, y descubrí que probablemente todos tenemos alguna historia inconclusa que de algún modo marcó nuestras vidas.

Algunos la tienen a flor de piel, como una cuenta pendiente que jamás podrán saldar. Otros la guardamos sin darnos cuenta en un rincón de la memoria para que no moleste, para que no perturbe nuestra armonía. Y sale a la luz cuando algún hecho fortuito la dispara desde el fondo de nuestro pasado hacia la actualidad. En mi caso, este hecho fue esa maravillosa frase de la canción de Sabina. Los recuerdos brotaron de pronto. Así que la mejor manera de exorcizarlos es sacándolos a la luz…

Recuerdo que en la escuela estaba «enamorado», pero solo yo lo sabía. Jamás me hubiera atrevido a contárselo a nadie. Y mucho menos a la destinataria de mis sentimientos. Era la prima de uno de mis compañeros de colegio, un año menor que nosotros.

Me parecía bellísima, a tal extremo que su sola presencia me resultaba inquietante. El simple hecho de verla me paralizaba por dentro, obligándome a realizar enormes esfuerzos para que mi nivel de obnubilación no se notara. Cada vez que iba a la casa de mi amigo y ocasionalmente me cruzaba con ella, intentaba saludarla al pasar, casi sin mirarla, simulando desinterés.

Este era un mecanismo de defensa instintivo frente al temor de que alguien pudiera percibir mi amor oculto, tan platónico como profundo. En algunas ocasiones, cuando la situación ameritaba un saludo más formal, le daba un beso en la mejilla. Y sentía que la sangre bullía debajo de mi rostro, enrojeciéndolo. El miedo a que mi secreto fuera descubierto crecía día a día. Sin embargo, nunca me cruzó por la cabeza hablar con ella para contarle mi verdad. Esas cosas quedaban «para cuando fuéramos más grandes». No era el momento. Al menos no el mío.

Mi amor siguió siendo platónico, pero en cierto punto me sentí correspondido, puesto que muchas veces la descubrí mirándome. Para mis ocho años eso no era poco. Me sentía flotando en una nube. Si yo le gustaba, ella seguramente aguardaría a que me decidiera a declararle mi amor, como se estilaba por aquel entonces.

El tiempo pasó y nada cambió. Todo se limitaba a mejillas sonrojadas, miradas subrepticias y la espera de que las cosas se dieran en el futuro. En el momento oportuno. El problema era saber cuál era el momento oportuno, porque no resultaba fácil dar el primer paso después de tanto tiempo de inacción. La decisión estaba tomada, pero... ¿qué era lo más conveniente? ¿Contarle a mi compañero lo que sentía por su prima y pedirle que se convirtiera en mi aliado? ¿Buscar la forma de encontrarme a solas con ella y decirle todo sin rodeos? ¿Escribirle una carta y hacérsela llegar por medio de una amiga?

Mientras pensaba en la mejor manera de acercarme a ella, le realidad me dio el primer golpe duro de mi infancia. La vi caminando de la mano con otro compañero de escuela. ¡La chica que tanto amaba estaba con otro! Fue como recibir un balde de agua fría. Una puñalada en la espalda. Un mazazo en la nuca. El mundo se me vino abajo. Fue la primera gran desilusión de mi vida. Nunca supe cómo el chico la conquistó. Si contó con la ayuda del hermano, si habló directamente con ella o le escribió una carta. Tampoco importaba.

Lo único cierto era que ella le había puesto punto final a una relación que nunca existió, pero que yo había vivido como real. Y para colmo de males, quien había ocupado «mi lugar» no era un galán ni mucho menos. Era uno de esos chicos que pasaban inadvertidos en la escuela. Callado, serio y con el cabello prolijamente peinado con gomina. Jamás lo hubiera imaginado como un rival serio. Me tomó desprevenido. Con la guardia baja. No vi venir el golpe y en vez de besar a la chica, terminé besando la lona.

Estaba furioso. No con ella, que si alguna vez estuvo interesada en mí, evidentemente se cansó de esperarme, así que no la culpaba. Eran las reglas del juego. Estaba furioso conmigo mismo, porque la falta de decisión me hizo perder a la chica que deseaba conquistar a los ocho años.

Esa tarde aprendí de la peor manera que las cosas hay que decirlas en el momento. Que en algunas cuestiones el tren pasa una sola vez en la vida. Y que siempre hay alguien más que termina aprovechando las oportunidades desperdiciadas.

Me costó varios meses reponerme de aquel dolor. Y en muchas ocasiones me pregunté qué hubiera ocurrido de haberle contado a tiempo lo que sentía por ella. ¿Cómo hubiera sido su reacción? ¿Cuánto hubiera durado?

El colegio terminó y nunca más volví a ver a mi compañero ni a su prima. Mejor así. Alguna vez pensé que estaría bueno cruzarme con ella y contarle aquella historia ingenua que nos unió sin que ella lo supiera. Y reírnos juntos de aquella inocencia. Sin embargo, eso no es lo ideal. Prefiero que aquel «amor» siga siendo eterno, inalterable. Quiero recordarla con la imagen que tenía cuando la amé en secreto, desde el mágico día en que la conocí hasta la fatídica tarde en que la vi de la mano con otro.

Ella nunca fue mía, pero su recuerdo será mío para siempre. Y la magia seguirá intacta.

Me gusta añorar lo que nunca jamás sucedió. No hay nostalgia mejor que recordar cuando tenías ocho años y pensabas que estabas enamorado.

CAPÍTULO 17

SALVA LA PROFECÍA

«Yo nunca voy a tener hijos, quiero ser libre y poder hacer lo que quiera sin estar atado a nadie». He escuchado esta frase, con leves variantes, infinidad de veces desde que tengo uso de razón. Incluso en algún momento de la adolescencia seguramente yo mismo he tenido algún pensamiento en tal sentido. Y es que durante la juventud resulta común considerar la posibilidad de tener hijos como un obstáculo para cumplir nuestras metas y sueños. No obstante, como sucede en todos los órdenes de la vida, el tiempo va poniendo todo en su lugar. Y tarde o temprano casi todos nos rendimos ante la inexplicable maravilla de verse continuado en otros.

Un hijo es una prolongación de nuestra propia vida. «Esos locos bajitos», como los definió Joan Manuel Serrat, de alguna manera justifican nuestro paso por este bendito planeta. Ellos nos llenan tanto de amor como de responsabilidades, pero le dan sentido a nuestra existencia. No obstante, son tantas las cosas que uno deja a un lado cuando decide traer un hijo al mundo, que más de una vez me he preguntado de dónde surge el deseo irrefrenable de ser madre o padre. Personalmente, después de haber elegido serlo cuatro veces, admito que no ha resultado fácil.

Desde el embarazo y el parto hasta la infancia, la adolescencia e incluso la adultez de nuestros hijos, todo es un reto. Sin embargo, no los cambiaría por nada del mundo. Los veo crecer y me digo que los viajes no realizados, las aventuras no vividas y las utopías no perseguidas fueron cosas felizmente olvidadas y archivadas en el arcón de los sueños. Esos cuatro seres tan parecidos y tan diferentes a mí son el legado que dejaré tras mi paso por esta vida.

La paternidad es algo parecido a una carrera de relevos, donde el corredor va pasando la antorcha, pero lo que importa es que el último llegue a la meta.

Por eso siempre he mantenido la idea de que si no abandonamos nuestros temores, se los vamos a pasar a nuestros hijos. El temor hace que dejemos de ser padres y nos convirtamos en guardias de prisión. Entonces reprimimos el crecimiento, sofocamos, ahogamos y producimos rebeldía.

También es probable que por temor a que nuestros hijos no se sientan confinados, extendamos los límites y pretendamos ser amigos en lugar de padres, y es ahí cuando los pervertimos. Pervertir significa «cambiar el estado natural de alguien», y cuando intentamos ser cómplices en lugar de asumir nuestro lugar como padres, les asignamos a nuestros hijos una carga emocional más pesada que aquella que están capacitados para llevar.

Por cierto, no tenemos la garantía de que a pesar de nuestros esfuerzos nuestros hijos harán todo lo correcto. Lo único que podemos hacer es proveer la tierra que conduce al éxito, lo demás depende de Dios. Si fallan, podremos descansar por la noche sabiendo que hicimos lo mejor que pudimos.

Aun así, si nuestra vida fuera como el balance de una empresa y debiéramos asentar fríamente en una planilla contable los aspectos positivos y negativos de tener un hijo, ¿pondríamos más cosas en el DEBE o en el HABER? La respuesta es prácticamente unánime. Ser padre o madre es uno de los trabajos más agotadores que existen.

Cuando empiezan a llegar los bebés, comienzan a escasear tres cosas que hasta hace poco te sobraban: tiempo, dinero y descanso. Entonces, ¿por qué los seres humanos decidimos tener hijos? Hay varias respuestas posibles para esa interrogante: unos quieren tener hijos para estar orgullosos de ellos, otros para continuar con el negocio familiar, algunos para prolongar el apellido, otros para que nos den nietos en nuestra vejez. Las razones que alimentan el deseo de ser padres son múltiples, pero todas podrían resumirse en una sola: tenemos hijos para sentir la inexplicable maravilla de vernos continuados en otros.

De modo que como no todo es un lecho de rosas en la vida de los padres, inevitablemente llega un día en el que nuestras razones para haber tenido hijos entran en crisis. Y entonces pensamos: *Esto no está saliendo como esperaba.* Queremos estar orgullosos, pero de pronto nos sentimos avergonzados por el comportamiento de un hijo, abrumados por su rebeldía o decepcionados por sus decisiones. Descubrir que los hijos han dejado de ser simples prolongaciones de quienes los trajeron al mundo constituye un fuerte impacto para muchos padres. Un día los niños se convierten en actores de sus propias vidas y quieren escribir sus propios libretos. Es lógico y entendible. Esto forma parte del proceso de aprendizaje, aunque se equivoquen y por más errores que cometan. Alguna vez nosotros también lo hicimos. Y del mismo modo en que actúan nuestros hijos, seguramente en su momento lo harán nuestros nietos. Es la ley de la vida. Y está bien que sea así. No resultaría sano para ellos que ocurriera de otro modo.

La historia ofrece evidencia de que los niños no nacerán exactamente de acuerdo a lo planeado. Somos conscientes de esa realidad. Lo sabemos.

Lamentablemente, algunos niños deben enfrentar la pobreza apenas al llegar al mundo. O la discriminación. Algunos nacen gritando por los brazos de un padre que nunca los cargará, al que nunca verán sentado en las gradas ya canoso mirándolos jugar.

Algunos encontrarán el tibio cuerpo de su mamá volviéndose frío mientras son sacados a tiempo. Otros escucharán los sonidos que hace un cardiólogo luchando por salvar a una madre que nunca conocerán.

Otros descubrirán que su mamá los abandonó en un cesto de basura o los cambió por algo de droga.

El sabio Job supo decir: «Porque si el árbol fuere cortado, aún queda de él esperanza; retoñará aún, y sus renuevos no faltarán. Si se envejeciere en la tierra su raíz, y su tronco fuere muerto en el polvo, al percibir el agua reverdecerá, y hará copa como planta nueva» (Job 14.7-9).

En otras palabras, tal vez el árbol esté perdido, pero debemos salvar los retoños. A pesar de las desventajas, puedes aportarle un hijo íntegro a la sociedad. Convertir los limones en limonada. ¡Y vaya que cuesta!

Así que vuelvo a preguntarme, ¿por qué la mayoría de nosotros tenemos o deseamos tener al menos un hijo y probablemente más? ¿Tendrá que ver con el mandato divino de multiplicarse? Tal vez. ¿Será por la tradición familiar de agrandar la familia y regalarles nietos a nuestros padres? Seguramente. Pero hay sentimientos más profundos, sin duda.

Los hijos nos colocan en una posición donde tenemos que poner las necesidades de otro ser antes que las nuestras. Las prioridades personales pasan inconscientemente a un segundo plano, ya que los hijos nos empujan en todo momento a ser una mejor versión de nosotros mismos. Por lo tanto, no es descabellado pensar que los hijos llegan para iluminar nuestras vidas. Y esa es, en sí misma, una gran razón para decidir ser padre.

La escritora Lisa Sheppard lo definió con absoluta claridad: «En la crianza de mis hijos perdí mi mente, pero encontré mi alma».

Nuestra necesidad de parecernos a nuestro Padre Dios es la base real de nuestro deseo de tener hijos. Es por eso que frente a situaciones difíciles con nuestros hijos intentamos actuar de la mejor manera posible, preguntándonos a nosotros mismos: «¿Qué está tratando de decirme esta situación? ¿Qué se supone que debo aprender de ella? ¿Qué podría hacer de manera diferente?». Al razonar de este modo, cuando uno de mis hijos se comporta mal, puedo tener reacciones más controladas, enfocándome menos en mi propia vergüenza y asumiendo que la prioridad es apoyar a ese hijo con amor y sin prejuicios. Cuando me tomo unos segundos para formularme esas simples preguntas, siento que las palabras justas fluyen en el momento adecuado, así como la inspiración para ayudar a mi hijo de la mejor manera.

Alguien dijo que se supone que el casamiento es la unión de dos agendas hacia un solo destino. Sin embargo, aunque para muchos divorciados es demasiado tarde, pues el árbol ha sido derribado, aun así deben pelear por salvar la semilla.

Tal vez no pudiste salvar la relación matrimonial, pero por lo menos salva a tus hijos. Ellos no merecen convertirse en las víctimas inocentes de una guerra. Si permites que se pierdan los retoños, todos estos años habrán sido en vano. Tanto dolor no tendrá sentido. Si el sueño del «príncipe y la princesa» se hizo añicos, al menos esfuérzate por salvar la profecía. Tus hijos son una profecía; sálvalos, ellos hablan de tu futuro. Es posible obtener una buena semilla hasta de un árbol muerto.

«Yo nunca voy a tener hijos, quiero ser libre y poder hacer lo que quiera sin estar atado a nadie». En cualquier momento volveré a escuchar esta frase, o alguna similar.

No diré una sola palabra.

Solo sonreiré.

CAPÍTULO 18

SONRISA, CANTO Y SILBIDO

Nuestros momentos de felicidad, más que por medio de las palabras o algunas condiciones interiores inescrutables, se hacen notorios indudablemente por la observación de nuestros gestos.

Considera algo, por favor. Siempre que nos preguntan: «¿Cómo estás?», respondemos de forma automática: «¡Bien!». Sin embargo, muchas veces dicha respuesta es mecánica o irreflexiva, surgiendo como consecuencia de un hábito o una poderosa costumbre. En cientos de situaciones procedemos así. Nuestro comportamiento no es consecuencia de un acto de nuestra inteligencia, sino de un hábito que nos domina. Tenemos la costumbre de decir que estamos bien cuando en muchísimas ocasiones no lo estamos.

En lugar de reconocer que en nuestro interior estamos *muy mal*, respondemos monótonamente que estamos *muy bien*. ¿Por qué? Simple: porque viajamos a través de la vida detrás de caretas ocurrentes y camuflajes invulnerables. Ese es el mundo. Estamos bien, pero andamos mal. Reímos pasajeramente por fuera y lloramos permanentemente por dentro.

No reír, estar tristes, es un estado de fácil detección para muchos. ¿Cómo se dan cuenta? ¿Cómo saben que alguien que no ríe no es feliz? ¿Cómo hacen para leer a través de nuestros excelentes camuflajes? ¿Es la falta de risa solo una cuestión de temperamento? ¿No ser felices es consecuencia de no tener cierta cantidad de cosas? ¿Solo ríen los extrovertidos? ¿Los introvertidos viven callados? ¿Se es feliz solo poseyendo cosas? ¿Será un asunto de cultura? ¿Por eso se espera que los puertorriqueños rían con su salsa, los brasileños se diviertan con sus zambas y carnavales, y los anglosajones no expresen nada? ¡Reír, ser feliz, definitivamente es un gran desafío! Sospecho, y lo afirmo a modo de tesis, que reír y celebrar está por encima de cualquier rasgo cultural.

Nacemos llorando. ¿Por qué será que no nacemos riendo? ¿Será porque no tenemos dientes? Nota que para comprobar que estamos vivos nos hacen llorar en el momento exacto en que nacemos. Un golpe seco, corto, poderoso y efectivo en nuestras pequeñas e indefensas posaderas es suficiente para que explote el llanto del bebé recién arribado al planeta Tierra.

¿Por qué llora el recién nacido luego de ese pequeño golpe? ¡Simple, porque le duele! Esto sí que es todo un tema. ¡Ni bien acaba de llegar y ya lo recibimos con un golpe! Se trata de la utilización del dolor como comprobación de la vida. ¿Por qué no nos hacen reír? ¿Por qué no nos hacen cosquillas? ¿Por qué tienen que darnos un golpe? Con toda seguridad que debe haber razones médicas y hasta científicas que justifiquen estas pequeñas y salvadoras agresiones, pero lo cierto es que para avisarles a todos que se ha nacido con pulmones fuertes y una vida plena y saludable por delante, llorar es una señal más que convincente.

No sabemos reír, por eso ocultamos mil veces tal carencia detrás de la manifestación de nuestro supuesto temperamento. Asociamos esa ausencia con ciertos rasgos de nuestra personalidad, e incluso con cierta herencia recibida de parte de uno de nuestros progenitores. «¡Soy así, río muy poco! ¡Ese es mi temperamento! ¡Esa es mi personalidad! ¡Así es mi papá y así también fue mi abuelo!». Con esas y otras frases similares pretendemos acallar la crítica hacia nuestra exagerada seriedad y justificar nuestro poco o ningún entusiasmo para enfrentar y vivir la vida.

¿Es suficiente el argumento de un temperamento no festivo y serio para justificar que riamos poco? ¿Por qué salimos a la calle sin una sonrisa, sin un canto y aun sin un silbido? Vamos a pensar.

Mi padre vivía silbando. Un silbido disonante y desafinado, pero silbido al fin.

A veces puedes recibir tu próxima licenciatura de quien menos esperas lecciones. Así que tratándose de intentar silbar, sugiero que ya no vivas mordiéndote los labios. En todo caso, eso es lo que harás si consideras la vida con la visión de un camión que solo existe para cargar dramas y preocupaciones. Será mucho mejor darle a tu boca una forma casi circular para que luego al soplar suavemente dejes escapar un silbido. Sí, y que sigas así una y mil veces más hasta que hayas perfeccionado tu técnica *silbadora*. De modo que saca de tu empolvado cancionero esa canción que más te gusta y repítela una y otra vez, pero no la cantes, solo sílbala. ¡Ah estimado compañero de lecturas, te aseguro que estarás a las puertas de un gran descubrimiento!

Sonrisa, canto y silbido, cómo se extrañan esas manifestaciones sanadoras. Somos dados a andar la mayor parte del día sin la espontaneidad de una sonrisa en nuestros rostros. Gran parte de todas nuestras jornadas tiene la impronta de la penumbra, la seriedad y la preocupación en sus más variadas presentaciones.

Te sugiero que te tomes el tiempo y sin ninguna clase de apuro hagas el ejercicio de salir a la calle con el único propósito de mirar los rostros de los que se cruzan frente a ti. No salgas a mirar el montón, simplemente limítate a observar a los individuos. Descubrirás algo que con toda seguridad ya sospechas: la mayor parte de esos mortales van tan rápido a sus obligaciones, que sus rostros no tienen tiempo para mostrar sonrisas. Resulta increíble, pero tampoco hay tiempo para reír.

Preocupación, broncas, ansiedad, fastidios, así como innumerables gestos mustios y grises gobiernan las calles de nuestras ciudades. En los rostros del tercer milenio eso es lo que hay: preocupación como para exportar y regalarle a los marcianos. Se trata de una clase de intranquilidad que lo único que logra es anestesiar la capacidad, el deseo, el derecho y el gran beneficio de reír. Ahora bien, continúa con tu observación y te aseguro que detendrás tu marcha en medio de esa multitud de gente preocupada, triste y sin sonrisas que va y viene cuando se cruce delante de ti uno que grite su amor, celebre su logro, te abrace sin pedirte permiso, quiera bailar en plena calle con quien se le cruce y dé saltos sin parar.

¿Por qué? Porque descubrió esa mañana la bendición de estar vivo. Tal individuo actúa de esa manera impulsado solo por la convicción de sentirse elegido para vivir. Entonces ya sabes lo que ocurrirá en el próximo acto, todos mirarán y a una voz dirán: «¡Ahí va un loco!». Y aunque te robara insolentemente una pequeña, corta y fugaz sonrisa, lo cierto es que te darás la vuelta y seguirás de nuevo tu camino carente de locura, sonrisas y buen humor. Mientras que aquel «loco» continuará su camino saltando y lleno de alegría, tú retomarás tu marcha apremiado por el peso de la vida que logró prohibirte celebrar y reír.

Hablémonos con la verdad y ayudémonos reconociendo algunas cosas con toda franqueza. ¡Cuán inexpertos nos hemos convertido en eso de reír en medio de nuestros asuntos más simples! ¡Qué torpes nos mostramos cuando se trata no solo de vivir, sino principalmente de celebrar la bendición de poder hacerlo! ¿Vivir? ¿Reír? Son cosas que pueden ir juntas, que deben marchar juntas. De lo contrario, siempre consideraremos unos locos peligrosos e irreverentes a aquellos que ríen, expresan y celebran, mientras que la gente seria y poco entusiasta será aquella que solo observa y desprecia.

CAPÍTULO 19

EL SUEÑO AMERICANO

(COLABORACIÓN DE ANDRÉS MIRANDA,
AUTOR URUGUAYO, CONFERENCISTA Y PERIODISTA.)

Muchas personas sueñan con el sueño americano. Entonces comienzan a trabajar en busca de ese sueño.

Se trata de una meta y a veces una obsesión. Así que pronto van en busca del préstamo, el crédito, el dinero que necesitan.

Sin embargo, al principio no tienen historial, pues como nunca han pedido nada, no hay registro de ellos, de modo que no les dan el préstamo.

Les dicen que precisan tener un historial, que necesitan conseguir un crédito, aunque sea pequeño.

¿Cómo tener lo que nunca han tenido para que les den lo que han pedido?

Luego de varios intentos, consiguen su primer crédito.

Y cuando se abre la puerta de ese crédito inicial, una nueva era comienza.

Empiezan a llover las ofertas de nuevas tarjetas.

De todos los colores, todas las marcas, con muchas letras chiquitas e intereses gigantes.

Con las tarjetas pronto compras lo que no necesitas con dinero que no tienes.

Un día adviertes que ya no trabajas para comprar, sino para pagar.

Las cuentas se acumulan y los intereses suben.

Un solo salario no alcanza, hay que buscar más trabajo.

Has comprado muchas cosas, pero ya no tienes tiempo para disfrutarlas.

Las deudas son más altas que los ingresos. Necesitas un préstamo salvador, pero ahora te dicen que NO.

Esta vez te explican que tienes mucho historial, muchas cuentas abiertas, mucho por pagar.

El sueño se aleja, las deudas se acercan.

El sueño es demasiado caro, la vida demasiado corta.

Cuando las personas terminan de pagar, casi terminan de vivir.

Han sido largos años de esfuerzo para salir de las deudas.

Muchos días fuera de casa, muchos días trabajando, y pocas horas de sueño para alcanzar el sueño.

Quizás el error sea pensar que el sueño americano está basado en tener cosas.

Las prioridades no pueden ser comprar, acumular, capitalizar.

La familia no espera, los hijos tampoco.

Está probado que cuando pagamos al contado, gastamos menos. Tal vez deberíamos comprar cuando tengamos dinero propio para hacerlo.

El sueño americano está al alcance de cualquiera que entienda que los afectos, la familia y la vida presente valen más que un auto del año, una ropa de marca o una residencia cara.

CAPÍTULO 20

EL MUNDO EN UN SOLO LUGAR

Todos queremos pertenecer. Y en pocos sitios uno experimenta esa magnífica sensación de pertenencia como ocurre en el barrio. El barrio es la cuna de nuestra infancia. Nuestro hogar. Ese punto geográfico que nos identifica, que transpira infinitas historias. El lugar que nuestros padres eligieron para que iniciáramos nuestros primeros pasos. Una muestra de identidad y orgullo.

Es ahí, en nuestro barrio, donde forjamos nuestros sueños, nuestras conductas. Este constituye la matriz de nuestra vida, y es el sitio a donde siempre vamos a querer volver.

Quizás hoy nuestro barrio no sea el mismo, sino que haya cambiado. Hasta es posible que ni lo reconozcamos. Sin embargo, no sucede así con nuestra historia. Lo que vivimos allí está tatuado en el alma, en nuestro recuerdo.

A algunos nos tocó ser nómadas. Por diferentes cuestiones tuvimos que mudarnos y recalar en distintos lugares. Otros han permanecido más tiempo en un solo lugar. Como fuere, de cada barrio uno tiene anécdotas e historias de vida que rescatar.

Todo lo que yo necesitaba estaba en el barrio, en Billinghurst, un lugar remoto de Buenos Aires.

Pasé toda mi infancia allí. Me solía subir al pilar de casa y mientras miraba nuestra única calle asfaltada, pensaba si algún día la timidez, los complejos y los miedos finalmente me dejarían en paz.

Eran esos días sin preocupaciones, en los que pensaba que nadie de los nuestros podía morir. Días de carnaval en la calle, pelota, bicicleta y jugar a las escondidas en la vereda hasta que se terminara el verano. Tardes de calor abrumador en las que Don Abel nos dejaba tomar agua fresquita de la manguera.

Mañanas en las que me levantaba a las ocho para ir a comprar el pan recién hecho de la primera horneada y luego comerme uno enorme con mantequilla, mojado en el café con leche que preparaba mamá.

Días de El Chavo, Meteoro, la Pantera Rosa, Daniel Boone y Bonanza. Días en que pensábamos que la iglesia era una sola, que jamás las doctrinas o las discusiones periféricas nos podían separar, porque al fin y al cabo, todos creíamos en Dios. Esto era así incluso para el vendedor de periódicos católico practicante, que se pasaba horas discutiendo «teología barrial» con mi viejo.

Días de fotos en blanco y negro y tardes lluviosas, de sábados mirando películas de vaqueros o la última de John Wayne «con ese otro actor de bigotes que trabaja muy bien», según decía mamá. Días en los que miraba por esa ventana de persianas verdes cómo la lluvia torrencial caía sobre el diminuto jardín y sentía que estaba en el mejor lugar del mundo, el más seguro al que un niño podría aspirar.

¡Lo que daría por volver a reencontrarme con esos momentos! Iniciar un viaje al pasado y verme llegar a mi lugar en el mundo, cuando todo mi mundo estaba en un solo lugar. A aquel sitio donde todos nos conocíamos, donde los vecinos eran parte de nuestra familia.

En mi barrio era común ver a las madres y abuelas sentadas en la vereda, barriendo, conversando y haciendo circular todo tipo de chismes familiares y barriales. Todos sabíamos de todos y estábamos siempre dispuestos a ayudar, a extender ese brazo tendido solidario para lo que hiciera falta. Siempre se saludaba. Frases como «Buen día» o «Saludos a tu padre y a tu madre» eran algo habitual, llenas de cortesía y educación, demostrando la cordialidad y la relación que nos enmarcaba. A pesar de ser algo tan simple y formal, esto revuela sobre mi memoria como un hecho que rescato por ser valioso, un valor perdido. Además, esa familiaridad nos proporcionaba un sentido de permanencia, de que todos éramos parte de algo.

Podría hacer un repaso mental y rememorar con precisión fotográfica esas casas bajas, humildes, colmadas de amor, las cuales mantenían sus puertas abiertas, con las bicicletas en la acera o apoyadas en el frente. Hasta tengo registros de cada uno de los árboles que desfilaban junto a las calles. Algunos de ellos fueron testigos de nuestras proezas cuando nos trepábamos y escalábamos sus ramas, de nuestras conversaciones, nuestros proyectos y uno que otro incipiente amor. La esquina era aquel punto obligado de confluencia al que accedías a determinada edad. En ella se juntaban «los más grandes», lo cual era una especie de código no escrito.

Se trataba de una época tranquila, de marea baja, donde no existía la inseguridad. Había rejas, sí, pero formaban parte de la decoración. En todo caso, cumplían con su tarea de protección cuando la familia se iba de vacaciones por un tiempo prolongado, como se hacía antes. Tal es así que, en ausencia de los moradores, eran los vecinos los que ejercían la función de vigilar. Ellos mismos alertaban ante la presencia de alguien desconocido, pues las alarmas no habían llegado a mi barrio. A lo sumo, un perro guardián y la luz encendida del portal en la noche daban cuenta cuando uno se ausentaba de que en el interior de la vivienda podía haber alguien.

¿Tu barrio tenía un almacén o tienda? Por supuesto que sí, seguramente atendido por sus dueños, y en el caso de Argentina casi siempre se trataba de descendientes de inmigrantes. Gente trabajadora, incansable. En esos almacenes uno cumplía con los pedidos maternos, llevando una lista de los productos necesarios. Y en aquellos días se fiaba. Las deudas se acumulaban en un cuaderno esperando a ser saldadas a la mayor brevedad. Era en ese almacén donde canjeábamos algunas pocas monedas halladas en los bolsillos del saco de nuestro padre por un puñado de golosinas.

En mi barrio se descansaba a la hora de la siesta. Esa era una tradición sagrada. Si uno no dormía la siesta, no podía ir luego a jugar. Cualquier madre pondría en práctica esta intimidación categórica. Lo único que podría interrumpir ese acto era el grito del vendedor de helados, que pedaleaba buscando su sustento en las tardes veraniegas. Montaba una bicicleta con una caja de poliestireno en el frente y en su interior, en medio del vapor del hielo seco, se amontonaban los palitos de frutas, las tacitas, o los cucuruchos de chocolate, dulce de leche y crema.

Ahora que lo pienso, la bicicleta cumplía un rol fundamental. Tanto como instrumento de trabajo, medio de transporte o forma de diversión. El repartidor de diarios todas las mañanas cargaba la suya con los periódicos e iba casa por casa revoleando con precisión absoluta la información plasmada en papel. El afilador de cuchillos y los vendedores ambulantes también usaban sus móviles de dos ruedas. Yo mismo perdí la cuenta de cuántas bicicletas tuve. Pocas nuevas. Más bien me tocaba heredar las de mis hermanos mayores. Sin embargo, las pintaba de varios colores, les colocaba bocinas, timbres, naipes entre los rayos para que hicieran ruido al girar, flecos en los mangos del manubrio y un espejo retrovisor. Hasta le quité a alguna los guardabarros para que pareciera más deportiva.

Tanto mientras montaba bicicleta como al jugar con la pelota durante los encuentros de fútbol en un terreno baldío, así como también en cualquier otro juego, experimenté las enseñanzas de la amistad, el acto de compartir, la competitividad, las mieles del triunfo al ganar una carrera o un partido, y el sabor amargo y aleccionador de la derrota.

El barrio era una escuela de vida. La universidad de la calle. Mi refugio. El vientre materno de nuestra sociedad. Allí fui inmortal, superhéroe, amigo de mis hermanos y mis amigos, y «el hijo de» en honor a mis padres. La dirección de mi casa era mi credencial de buena gente, y fue allí que tallé mi personalidad y aprendí valores.

Cuando pienso en mi barrio se me infla el pecho. Mis ojos se humedecen. Somos lo que fuimos.

Ya nadie de los Gebel vive en Billinghurst. Mi madre se adelantó a la eternidad y mi padre, por una jugada artera de aquellos en quien más confiaba, se quedó sin el pequeño hogar que construyó con sus propias manos. Por cierto, no hay de qué preocuparse, mi madre está en el mejor lugar del universo y a mi padre le construí un lindo departamento no muy lejos de allí.

El punto es que la casa de Rivadavia 4946 sigue siendo parte de mi historia. Esas viejas paredes siempre estarán plagadas de recuerdos y momentos inolvidables. Y por si no lo sabían, en ese lugar del mundo la vida sigue trascurriendo en cámara lenta.

Ahora, a miles de kilómetros de allí, tarareo una bella canción de José Feliciano que solía escuchar, la cual le hace honor a mi viejo barrio.

Pueblo mío que estás en la colina
Tendido como un viejo que se muere...

CAPÍTULO 21

EL SALUDO

El saludo es un acto comunicacional en el que una persona le hace notar a otra su presencia, generalmente a través del habla o de algún gesto.

—WIKIPEDIA, LA ENCICLOPEDIA LIBRE

Hola.

Sí.

Quería empezar este texto con un saludo.

Así de simple.

Así de sencillo.

Así de cotidiano.

Solo así.

Como debe ser.

Como era antes.

Como fue siempre.

En el barrio.

Entre los vecinos.

Se saludaba a los mayores.

A todos.

Era una costumbre.

De las buenas.

«Hola».

«Buen día».

Nunca estaban de más.

Nos conocíamos todos.

Y si no, daba igual.

Éramos familia.
Una gran familia.
De una misma especie.
Hoy, no conocemos ni al que está al lado.
Ni a los de mitad de cuadra.
No importa.
Yo saludo.
Subo a un taxi y saludo.
Lo mismo en el banco.
A la cajera de la tienda.
Al chofer del bus.
En el trabajo.
En el ascensor.
En un negocio.
A todos.
Conocidos o no.
Yo saludo.
Es lo que corresponde.
Así me enseñaron.
Así debe ser.
¿Te miran raro?
No me incomoda.
Algunos contestan.
Otro no.
¿Importa?
No, no importa.
Saludar.
Qué lindo gesto.
De amor.
De interés por el otro.
De amabilidad.
Es como dar la mano.
O un beso.
¿Hay algo más puro que un beso?

Nos hermana.
Como el hablar cara a cara.
Frente a frente.
Nada de mensajes.
Ni correos electrónicos.
Las cosas importantes se hablan de frente.
Como antes.
El teléfono móvil te acerca al que tienes lejos.
Pero te aleja de quien tienes cerca.
Somos seres sensibles
Necesitamos el contacto
El roce.
Sentir que estamos acá.
Que estás aquí.
Y agradecer.
Me olvidaba, siempre agradecer.
Me enseñaron a decir gracias.
A todos
Y por todo.
Eso nunca está de más.
Ni de menos.
Tres gestos.
Saludar.
Hablar de frente.
Y agradecer.
Buenos días.
Buenas tardes,
Buenas noches.
Siempre saludar.
Antes que nada.
Antes que todo.
No lo olvides.
Hasta luego.
Y gracias.

CAPÍTULO 22

DANIEL MARCELO

Cuando un árbol desaparece del patio familiar, deja un gran hueco de luz. Para quienes no compartieron alguna experiencia con él, allí simplemente no hay nada. En cambio, para los que se cobijaron bajo su sombra o compartieron su presencia rica en recuerdos, su ausencia resulta importante. Y ese hueco de cielo abierto lo vuelve a hacer presente en cada amanecer.

Por eso, pienso que te hubiera gustado conocer a mi hermano. Siempre tenía un chiste a flor de labios y las fiestas nunca empezaban hasta que llegaba. Era de esos individuos que lograban que la conversación girara en torno a él y hacía amigos solo al caminar por la calle.

Durante años fue mi superhéroe, lo admiraba con devoción. Cuando niño, siempre tenía una excusa para quedarme en su casa. Podíamos leer hasta tarde y reírnos mucho. Repartía sodas y pan con él.

Sin embargo, un día abandonó la iglesia y se encadenó al alcohol y el tabaco. Destruyó su salud, su familia, sus empleos y sus amistades.

Durante el año 2013 no podía respirar y partió a la eternidad. Alcanzó a llamar a su hija y una ambulancia lo llevó al hospital, pero no sobrevivió.

Se llamaba Daniel Marcelo.

He tratado de imaginarme los minutos finales de mi hermano. Viajando a alta velocidad por una ruta del Conurbano de Buenos

Aires en una ambulancia una madrugada oscura, con los médicos dándole oxígeno y tratando de volverlo en sí.

Me preguntaré por siempre si dispuso de esos minutos que siempre alegó que tendría antes de morir. Esos «dos minutos para arrepentirme y arreglar mis cosas con Dios», como solía decir. Un par de minutos para no dejar cuentas pendientes con el Padre Eterno.

Y algo me dice que sí los tuvo, que sí pudo reconciliarse con su Señor. Algo me dice que lo veré otra vez y que ahora mismo está tan joven y ocurrente como siempre.

Abrazo de oso, gran hermano. ¿Y sabes? Hay un hueco en mi patio.

CAPÍTULO 23

INCONDICIONALES

Son nuestros compañeros. Son fieles. Son incondicionales. Con el ejemplo, y sin saberlo, nos dan los mejores consejos. Nos escuchan, nos enseñan, nos transmiten paz. Comparten con nosotros toda su alegría. Y todo esto sin pedir nada a cambio. No, no estoy hablando de los amigos. Tampoco de los hermanos o los padres.

Este capítulo está dedicado especialmente a las mascotas.

No necesito decirle a cualquier amante de los animales como yo —a todos aquellos que tengan mascotas, las hayan tenido o deseen tenerlas— que el amor que un animal tiene para dar es algo incomparable.

Creo fervientemente que la conexión con una mascota resulta muy particular. Un animal no puede ser un regalo, el amor hacia ellos no puede ser impuesto. Nace en el alma. Creo en que así como «elegimos» vivir con ellos, ellos nos «eligen» a nosotros.

Intuyo también que esta forma de percibir las cosas tiene mucho que ver con mi familia, ya que esas cosas se inculcan desde la infancia. Los Gebel éramos muy unidos, y nos encantaba disfrutar de la compañía de nuestros animales, teniéndolos siempre cerca.

Nunca me voy a olvidar de mi primera mascota. Aquel pequeño gatito que descubrí entre un montón de otros gatos que una vecina ofrecía en adopción. Todos huyeron a esconderse, temerosos ante la presencia de un extraño, pero él se acercó a mí. Sintió que su mejor refugio estaba entre mis pies. No tuvo miedo de jugar con un niño de apenas ocho años. Más bien, nos elegimos mutuamente. Y puedo asegurarles que fue el comienzo de una gran amistad.

Recuerdo todo de él. Cómo corría por mi jardín, cuánto le gustaba salir a pasear por los techos de mi barrio, su forma de expresar todo su cariño con un ronroneo, su manera de caminar siempre tan elegante, el modo en que se le entrecerraban los ojos cuando le daba el sol de frente, las tardes que solía pasar con él en mi regazo en la hamaca del patio. Aquel gato estuvo conmigo una gran parte de mi infancia y luego de mi adolescencia. En aquella época había tiempo para todo. Hasta para disfrutar de una mascota.

Tener que despedirme de él fue mi primer contacto en serio con la muerte. Una enfermedad repentina se lo llevó en apenas un mes. No había nada que hacer. Solo acompañarlo llenándolo de amor hasta el último suspiro. Y así lo hicimos, turnándonos para que nunca estuviera solo.

Su partida me enseñó que aunque la vida es maravillosa, también tiene momentos muy tristes. Aprendí a sobrellevar el dolor y transformarlo en energía positiva, a fin de recuperar la alegría y volver a estar como a mi gato le gustaba verme. Por eso pienso que pese al infinito dolor de la pérdida, valieron la pena todos los años compartidos. ¡Vaya que sí valieron la pena! Él fue la mejor compañía y jamás lo olvidaré. No es para menos, ya que era un integrante más de mi familia.

Otro animal que de algún modo marcó mi infancia fue el gato del colegio. Su nombre era un misterio en aquel entonces y lo sigue siendo hoy. Cada grupo tenía un apodo diferente para él, y nunca logramos ponernos de acuerdo. Todos asumíamos que pertenecía a alguna familia que vivía en la misma manzana, pero nunca supimos con certeza cuál era su casa. Tampoco recordábamos bien cuándo fue que nos empezó a visitar, pero ese gato se ganó el amor de todo el alumnado. Y de los profesores también, por supuesto. De otro modo, jamás lo hubieran dejado quedarse cuando entraba en las aulas mientras se dictaban las clases.

Así que cada día se aparecía en el patio de la escuela, siendo el centro de atención del recreo cuando llegaba. Se sentía cómodo jugando con nosotros y nos encantaba que fuera así. Estaba bien cuidado y alimentado, de modo que no venía a pedirnos comida. Solo buscaba su ración diaria de amor y se la dábamos con mucho gusto. Con el tiempo descubrimos que también recibíamos amor en cada una de sus visitas. Y si algún día no aparecía, lo extrañábamos de verdad.

Terminé el colegio y obviamente dejé de verlo. Nunca más supe de él. Sin embargo, quedó para siempre en mi memoria como una parte entrañable de mi infancia.

Esos dos animalitos derribaron en aquel momento (y para siempre) la idea de que todos los gatos son ariscos y poco amigables. Por lo menos esa fue mi experiencia. No entendía por qué cierta gente decía que no se llevaba bien con los felinos. Cada quien tiene sus vivencias, de eso no hay duda, pero yo comprobé que ellos son muy tiernos y les encanta jugar tanto como a los perros, solo que de otra manera. Gracias a los gatos comprendí que no hay que dejarse llevar por los prejuicios, y que la mejor forma de no cometer injusticias es juzgando solo en base a la experiencia personal. Por suerte no me guié por las habladurías y decidí acercarme a ellos. De otro modo no hubiera conocido el maravilloso universo felino.

Ya un poco más grande tuve el placer de convivir con un perro. Siempre me mantuve pendiente de su salud, visitando al veterinario, poniéndole sus vacunas, y también en casa con la comida, el agua, los paseos y obviamente los juegos.

No obstante, el día en que experimenté una dimensión real de lo que significaba ese pequeño compañero para mí fue aquel en que aprovechó un descuido de mi padre y salió a la calle sin que nadie lo notara. Ya lo había hecho en un par de ocasiones, pero esta vez no volvió a casa. Mi familia y yo lo adorábamos, así que no podíamos soportar la idea de que estuviera perdido. Ese día llovía, y se nos estrujaba el corazón pensando dónde estaría. Teníamos miedo de que lo atropellara un auto. También nos preocupaba que alguien le tomara cariño y decidiera quedarse con él, porque aunque eso garantizaba su salud, podía condenarnos a no verlo nunca más.

Dimos vueltas por el barrio durante cinco terribles e interminables días. Todos los vecinos colaboraron en la búsqueda. No dormíamos ni comíamos. Nuestra vida se limitaba a buscarlo. A recorrer calles y avenidas, pegando carteles son su foto por todos lados. Creíamos que por el hecho de tener collar y una chapita con su nombre, en cualquier instante nos llamarían para avisarnos que lo habían encontrado. Sin embargo, algo que no supimos sino hasta después de todo el episodio fue que mientras nuestro perro no estuvo con nosotros, se mostró muy desconfiado con los desconocidos en la calle. Así que cuando la gente nos comentaba que creía haberlo visto, salíamos corriendo a buscarlo.

Finalmente, después de una ardua búsqueda, nos llamaron para decirnos que lo habían visto caminando a unos cuatro kilómetros de casa. Allá fuimos, y efectivamente lo encontramos. Volver a abrazarlo resultó ser uno de los momentos más emocionantes de mi adolescencia. No lo podía creer. Ahí estaba. Mi perro, el que veía todos los días en casa. No obstante, ¿por qué ese día todo era diferente? Sería que, como decían nuestras sabias abuelas, no sabemos lo que tenemos hasta que lo perdemos. O hasta que se presenta la posibilidad de perderlo, agregaría yo. Siempre había valorado y amado a ese perro, pero cuando estuvo lejos de casa, sentí que aún me faltaba mucho por hacer para demostrárselo. Claro que de todo se aprende. Por eso hay que aprovechar cada momento, jugar con ellos siempre que tengamos la posibilidad, cuidarlos y mimarlos mucho. En realidad, nunca estamos tan ocupados como para no dedicarles un tiempo a nuestras mascotas.

Todo esto me hace pensar en la suerte que tuve y lo importante que resultó para mí haber crecido con el amor de estos animales a mi alrededor. Para un niño, no es lo mismo criarse con una mascota que sin ella.

Obviamente, adoptar animales implica una gran responsabilidad, y comprender esto también me sirvió. Pero aprendí mucho de ellos. Y realmente vale la pena. En todo momento.

Cuando nuestras mascotas nos hacen sonreír a pesar de que hayamos tenido un mal día, o vienen a buscarnos para que juguemos, o nos demuestran que nada en realidad es tan grave como parece y debemos enfrentar todo con una actitud diferente, nos enseñan aun sin darse cuenta.

Mahatma Gandhi decía: «Un país, una civilización, se puede juzgar por la forma en que trata a sus animales». Creo que esa es una declaración perfecta. Los animales son nobles, desinteresados y puros. Saben darlo todo sin pedir nada a cambio. No hay defensa alguna para quien maltrata a uno de ellos. Y ni hablar de una sociedad que los descuida.

Bienaventurado el que tiene una mascota.

Nunca se sentirá solo.

Y jamás le faltará amor.

CAPÍTULO 24

NADA Y NADIE

Me cuesta aceptar esa apetencia humana de aislarse por todos los medios. Implica estar demasiado solos para mi gusto. Algunos son expertos en construir refugios y vivir dentro de ellos. En levantar conventos y en sus habitaciones dar rienda suelta a su propio culto al aislamiento.

Aunque no es bueno andar tan solos, admito que tanto desprecio por la vida y tanta amenaza experimentada a diario mantiene vivos los miedos más diversos. Todos son sospechosos de hacernos algo que nos dañe. El resultado es cuidarnos hasta el delirio y poner en práctica mil maneras de seguir con el aislamiento seguro.

Ahora bien, *estar a solas* no es lo mismo que *aislarse*. Aislarse es lo que una persona hace generalmente cuando está demasiado agotada y no quiere relacionarse con nadie. Estar a solas es un proceso intencional de recarga. Cuando tu tanque está casi vacío, estar a solas te ayuda a llenarlo otra vez.

La mayoría de nosotros espera a estar agotados por completo antes de tomarse un tiempo a solas. Y así es como nos aislamos, que es distinto a la recarga intencional. Estar aislado no implica una ausencia de rostros, sino de intimidad. Puedes estar rodeado de una multitud y aun así sentirte aislado.

La soledad intencional no es buena consejera, porque aunque ella me provea de silencio y mucha paz para pensar y reposar, es en sus ámbitos que toman formas las decisiones de no relacionarme con este, con aquel y con nadie más. La amistad y la soledad no son socias. La primera implica una decisión de dar el paso que posibilite salir de mi refugio en busca de un amigo incondicional, mientras que en la segunda, tan solo con negarse a hacerlo será suficiente y mortal.

El aislamiento duele mucho. No hay nadie a quien abrazar y nadie que devuelva con un beso el abrazo que se da. No hay manos que se extiendan para saludar ni auxiliar. No hay nadie que relate las proezas y nadie que las celebre. El aislamiento es mirar a la nada y que no haya un par de ojos que devuelvan la mirada con amor e intensidad. El aislamiento obliga a festejar en silencio y sin gritos de alegría un nuevo logro.

Existen dos palabras crueles en la presencia del aislamiento: nada y nadie. No hay *nada* que celebrar porque no hay *nadie* con quien hacerlo.

He aprendido que no es bueno insistir tozudamente en vivir aislado y sin amistad. No está bien para el solitario ser el sol en el propio sistema solar, como tampoco descubrir que todo lo que hizo fue solo por él y para él, y nadie más.

CAPÍTULO 25

HACIENDO BUENA LETRA

Algunos sostienen que las utopías han muerto. Yo no soy tan pesimista. Aunque sea, me valgo de la nostalgia para seguir manteniendo vigente aquellas pequeñas cosas que formaron parte de nuestro mundo, de otro mundo tan bello y lejano como cualquiera, pero más humano y más cercano también.

¿Hace cuánto que no escribes a mano?

Te sorprendí, ¿verdad? Sin querer pecar de soberbio, te apuesto a que no lo recuerdas. Trata de hacer memoria de cuándo fue la última vez que has escrito algo a mano. No me refiero a una anotación telefónica o un recordatorio, ni a la lista de compras para el supermercado o un trabajo para la escuela o la universidad. Hablo de escribir un texto, una carta. Ya sé, me dirás que son otros tiempos, que la tecnología, los teclados y los teléfonos inteligentes fueron ganando terreno y desplazando al bolígrafo a la categoría del museo.

Y tienes razón. Yo mismo he dejado de hacerlo. Y es aquí donde emerge la crónica de la nostalgia.

Todos coincidimos en que teclear un texto en un computador e imprimirlo es mucho más rápido que escribir a mano. Sin embargo, un manuscrito revela la identidad de una persona. Es como la huella digital, el ADN. Podría aventurarme a apostar que no hay dos personas con la misma letra, salvo las falsificaciones, claro está.

Antes, en las escuelas se enseñaba caligrafía. Letra por letra, palabra por palabra, oración por oración. Es que según los neurólogos escribir a mano es bueno para el cerebro, porque permite que la memoria fije mejor la información. Y en aquellos tiempos los maestros hacían hincapié en la escritura porque se alimentaba el concepto de que era una excelente herramienta para mejorar la ortografía, ya que el papel no posee un corrector automático que te enmiende los errores.

¿Recuerdas la caligrafía de tu maestra? Yo sí. La letra de mi maestra de segundo grado era bellísima, perfecta, anatómica. Toda ella era así, no solo su letra. La consideraba mi segunda madre. Y su consigna escolar era que la letra fuera legible. Si algo no se entendía, te mandaba a escribirlo de nuevo. La letra, la escritura a mano, resultaba muy importante. Era la representación del temperamento de las personas. La paciencia, la ansiedad, el humor o las ganas, el placer y un sinfín de emociones se trasmitían por medio de ella, no solo considerando el contenido de los textos, sino cómo se escribían.

Y ni qué decir de las cartas. En épocas donde la informática no había sido gestada aún (parece un tiempo muy lejano, pero no lo es), la ceremonia de la correspondencia tenían un sabor especial. Se vendían papeles para cartas con membretes, dibujos, de diferentes tramados y espesores. Uno se disponía a buscar un tiempo para escribir. Podían ser misivas por motivo de viajes, trabajo o amor. Hasta algunas damas solían ponerle unas gotitas de perfume al papel a fin de que fuera más evidente para el destinatario las intenciones de la remitente.

Se escribía con paciencia, a ambos lados de la hoja y varias de ellas. Mientras más hojas se emplearan, más tiempo habían reservado para uno. Era un momento especial. Demostraba la proximidad con el otro, siendo lo más cercano a estar frente a frente. En aquellos tiempos no todos podían disponer de una conversación telefónica, de modo que la mensajería por correo era de gran ayuda.

Más tarde las páginas se ensobraban, intentábamos recordar si habíamos escrito todo lo que queríamos, corríamos al correo y la enviábamos. Y ahí iban nuestros sueños a cualquier lugar del mundo, por más recóndito que fuera su destino. Luego había que esperar.

Esperar a que llegara nuestra misiva. Esperar la respuesta. La espera parecía eterna, pero uno aprendía a esperar y ser paciente.

Frente a la inmediatez tecnológica, esto pareciera ser de otra época, algo prehistórico, pero representaba nuestra realidad, la forma de construir vínculos y comunicarnos unos con otros.

Todos los hogares tenían un buzón. Y calculando el tiempo que podría tardar la carta en hacer el recorrido a su destino y regresar con su posterior respuesta, el buzón era el lugar designado cada mañana. ¿Habrá venido el cartero? ¿Llegaría carta para mí?

Y un día, ocurría el milagro. El cartero llegaba. Y entre los sobres con impuestos, facturas de servicios para pagar y promociones, allí estaba la correspondencia que uno esperaba con anhelo. Era un momento sagrado, la sangre corría a más velocidad, el aire se entrecortaba. Y abríamos el sobre como fuera. Mi padre solía tener un abridor de sobres, una especie de cuchilla sin filo que servía para despegar la solapa de la envoltura. Otros no demostrábamos tanto equilibrio emocional. Luego, sí, a leer la carta. A solas o en familia, dependiendo del destinatario. Se trataba de noticias vivas, candentes. Declaraciones de amor o relatos de aventuras. Una confirmación de que el viajero había llegado bien o cualquier otra cosa. ¡Era la vida misma! ¡Nuestra vida!

Esa sensación de felicidad te acompañaba en los próximos días. No eras el mismo luego. Llamabas a tus conocidos para contarles que te habían escrito, o atesorabas esa carta como si fueran pepitas de oro. Siempre había un cofre o una caja secreta y escondida destinados a almacenar las correspondencias viejas, como testigos de nuestra historia.

Al recibir una carta manuscrita sentíamos una cercanía que no se produce al recibir un correo electrónico. Las ideas o historias plasmadas en el papel y la pantalla pueden ser exactamente las mismas, pero la letra a mano de la persona las hacía especial, pudiendo incluso resultar más reveladora que una fotografía. La letra era algo individual. Constituía nuestra seña particular. No formaba parte de un catálogo de estilos caligráficos y cuerpos de letras entre las cuales elegir.

Incluso, muchas niñas escribían en sus agendas o diarios íntimos cada día todo lo que les hubiera sucedido durante la jornada, frases, corazoncitos con el nombre del chico que les gustaba y poemas. También archivaban allí papeles de envoltorios de algún chocolate o el regalo de un pretendiente, o pétalos de flores. El diario íntimo era lo más preciado para una chica adolescente. Su vida estaba plasmada en el papel. Era su confesionario. Pocas amigas tenían derecho a revisarlo. Y por supuesto, todo se hacía a mano, se escribía con mucho amor.

Muchísimos escritores y poetas de reconocimiento mundial han escritos sus obras y novelas a mano en cuadernos, muchos de ellos sentados en un bar, y luego han sido mecanografiadas en el momento de la corrección literaria. Ellos sostenían que escribir a mano, al ser más lento que en la computadora, le daba más tiempo a la imaginación y fomentaba la paciencia, ese estado emocional que se va diluyendo en nuestras vidas, que va desapareciendo poco a poco mientras nos va ganando la ansiedad, la velocidad y la prisa.

Deberíamos recuperar la costumbre de escribir a mano. Ya sé, podrían pensar que estoy loco, que es una utopía. No sé, es posible. Sin embargo, renuncio a la inquietud y me quedo con las enseñanzas que otorgan la apacibilidad, la calma, la filosofía de valorar los sentimientos y darles el espacio que ameritan, poniéndole un freno a la inmediatez más inmediata.

No se trata de otra cosa que de hacer buena letra para disfrutar de la vida.

CAPÍTULO 26

LÁGRIMAS COMO COMBUSTIBLE

Esto de llorar viene con nosotros desde el primer momento. Difícilmente exista un ser humano que no tenga en su historia mucho de lágrimas, llantos, llantos y más llantos. Más que de la cultura humana, se trata de una forma muy precisa de definir nuestro ADN. Llorar demuestra que sentimos, nos dolemos, nos entristecemos e incluso nos alegramos. No hemos comprado nuestros sentimientos y sus variadas manifestaciones en alguna tienda que los ofrezca, ya que nuestro complejo entramado conocido como *la personalidad* incluye las emociones y la capacidad de emocionarnos. Eso nadie lo discute.

¡Todos lloran en mayor o menor medida! Según me contaron mis padres, yo mismo lo hice al nacer, y lo constaté con la llegada al mundo de cada uno de nuestros hijos. Incluso llorar es visto como una señal inequívoca de que un bebé ha nacido con vida. Algo así como si dijéramos: «Si llora, es que está vivo y llegó con buena salud».

Así las cosas, históricamente se ha asociado el acto de llorar con la vida. El llanto es la primera señal contundente, audible, perceptible e inconfundible de la presencia de un ser vivo.

Ahora bien, el desafío no está en entender esto. La simpleza del asunto hace que nadie pueda decir que no lo entiende. El problema surge cuando por alguna razón o circunstancia el llanto pretende instalarse y justificarse como una forma permanente de comunicarse en la vida, aun cuando ya somos adultos.

Soy un mortal como cualquier otro y debo decir con total honestidad que no solo he llorado alguna vez, sino que me vi tentado a llorar y seguir llorando sin cesar en más ocasiones de las que hubiera deseado. Pero aunque el llanto indique la presencia de la vida, eso no quiere decir que me deba pasar la vida llorando.

No obstante, son miles en el mundo los que aun hoy siguen echándole mano al recurso emocional y emocionante de llorar para llamar la atención sobre ellos y sus necesidades. De esa forma, esperan que sus dolores, reclamos y necesidades sean atendidos con urgencia.

Me he percatado de que llorar provoca cierta ternura o pena en quien ve a alguien entregado a esta emoción, por eso la lástima puede ser el empujón final para que se ofrezca algo que de alguna manera mitigue tanta pena. Ya está demostrado que quien pide bañado en lágrimas, moviliza emociones y mecanismos muy precisos en la otra persona, de modo que el resultado bien puede ser cualquier tipo de ayuda, consuelo o favor.

No negaré haber tenido inmensidad de problemas, desafíos y situaciones tan terminales y riesgosas que me han hecho llorar demasiado para mi gusto, y tampoco negaré que en ocasiones he pensado que si me muestro en desgracia, pongo cara de sufrimiento eterno y suelto una que otra lágrima en medio de palabras entrecortadas, alguien me ayudará con mis proyectos. No lo negaré. Sin embargo, lo que sí ha sido todo un desafío para mí en estos años no es cuánto lloro ni cuántas lágrimas derramo, sino cuánto soluciono y cuánto logro mientras lloro. De eso se trata.

Ahora, mientras observo al mar en su marea bien baja, dibujo una sonrisa en mi rostro al recordar lo que lograba con mis llantos siendo un bebé o un niño de pocos años. Ya fuera que tuviera dolor en mi panza, hambre, frío o calor, bastaba un llanto potente y unos cuantos litros de lágrimas para tener a toda una familia a mis pies y a mi entera y única disposición. Ninguno se resistía, hasta se peleaban por atender mis dolores y calmar mis desaforados llantos. Recuerdo y me gusta lo que recuerdo. Pienso en qué maravillosa sería la vida si pusiéramos de manifiesto cada dolor con llantos y lágrimas, y siempre sin discutir ni preguntar tuviéramos a todo el mundo a nuestros pies dispuestos a ayudarnos a calmar nuestras desgracias. ¡Lindo, maravilloso, pero imposible!

Me he dado cuenta de que para miles llorar es un grito que indica que están vivos, que están ahí, que tienen alguna clase importante de dificultad, que necesitan a alguien que los oiga. No obstante, se quedan llorando, esperando que otro acuda en su auxilio, lamentándose, pero sin hacer nada. Y se enojan sobremanera si nadie los escucha y mucho más si no hacen por ellos lo que deben hacer por sí mismos pero no harán, porque ya han decidido gastar su tiempo en llorar y no en buscar soluciones. Vaya costumbre e idea esa de llorar sin parar como forma de obtener y lograr lo que se desea, la cual es propia de los que han preferido ser eternamente niños, indefiniblemente inmaduros, sorprendentemente mediocres e indescriptiblemente esclavos del llanto, en vez de buscar soluciones.

Hay días que llegarán con sus desafíos y problemas, y estos nos harán llorar. Los fracasos, sospechas, errores y traiciones nos abrirán de par en par las puertas para solo lamentarnos y abandonar, convirtiéndonos de esa manera en nuestros propios verdugos, cerrándonos con llaves de siete candados las oportunidades de superar las contingencias y así poder progresar.

Sin embargo, si yo aprendí cómo reaccionar, tú también puedes hacerlo. No niego los problemas, estoy listo para los fracasos y acepto la aparición de una desgracia en mi proceso de soñar, lo cual posiblemente me haga llorar. La gran diferencia es que no me pasaré la vida llorando ni mucho menos intentaré solo sobreponerme con lágrimas a tamañas contingencias, algo que aprendí y disfruto. ¡Mis lágrimas no serán mi tumba, no serán mi final! Si he de nadar algún día, será en piscinas, ríos y mares, pero jamás en mis propias lágrimas.

Así que llora tus desgracias, derrama lágrimas por tus problemas y fracasos, pero sécalas más rápido de lo que imaginas y notarás que la visión recuperará su claridad. Luego, no te detengas y lánzate a buscar nuevos caminos, contactos y descubrimientos que te pongan de pie una vez más frente a tus nuevas oportunidades.

Habrá momentos para llorar y no los podrás evitar. Me pasa a mí y te pasará a ti. No obstante, lo que sí podrás evitar es estancarte, deprimirte, asustarte y abandonar. Me he dado cuenta de que no hay poder alguno en ningún problema que enfrentemos que sea capaz de detenernos. Ninguno. Los que logran darle forma a sus sueños más sagrados lloran, pero también hacen algo para resolver eso que los hace llorar. Puedes llorar por causa de un conflicto o problema, pero también puedes transformar tu conflicto en una oportunidad para descubrir la solución que cambie tus lágrimas de dolor por lágrimas de alegría y satisfacción.

Me gusta lo que dice un buen amigo mío: «Aunque hoy llore de tristeza las lágrimas de mi fracaso, mañana lloraré de alegría las lágrimas de mis logros». Llorar y quedarte sentado o llorar y lanzarte a encontrar soluciones es tu decisión. Ya yo hice la mía. Le dije a mis lágrimas que serán el combustible para seguir soñando y volando bien alto y bien lejos.

CAPÍTULO 27

UNA ESCAPADITA

Planificación. Objetivos. Metas. Actividades.

Cuatro palabras que son más peligrosas de lo que nos imaginamos. Planificamos cómo alcanzar objetivos superando metas cortas por medio de un sinfín de actividades. Resultado: logros o fracasos. Eso es todo al final de tanta obligación. Algo que logré o algo en lo que fracasé. La vida de los mortales del tercer milenio está signada por una infinidad de obligaciones y una innumerable cantidad de actividades que en su gran mayoría se justifican por el solo hecho de obtener alguna clase de riqueza que nunca será suficiente.

Esto sucede incluso con mi agenda. Acabo de revisarla y vuelvo a descubrir que estoy lleno de obligaciones que cumplir en mi ciudad, mi país y el mundo. Aunque me propuse mil veces lo contrario, de nuevo en mi agotadora agenda no he considerado actividades ni separado semanas solo para disfrutar. No he marcado días para descansar, ni momentos en el mes para *no hacer nada*. No he señalado meses en el año para conocer otros lugares, estar con los míos y —una vez más— no hacer nada. Así que volví a intentarlo. Sin embargo, solo anoté las fechas de los cumpleaños de mis seres queridos para no olvidar estos compromisos, y estoy dejando para más adelante en el tiempo el momento en que trataré de tomarme algunas vacaciones.

Quizás sepas de lo que te hablo. Siempre pensamos que estamos muy ocupados para esa clase de actividades de recreación, placer y descanso, por eso las consideramos al final de nuestros neuróticos procesos de sagradas obligaciones laborales. La historia terminará siempre de la misma manera: si quedan un par de días por ahí, entonces *me daré una escapadita*, como decimos en mi país.

La palabra *escapadita* es un modismo que significa *irse rápidamente de la casa y la ciudad por pocos días con el propósito de descansar.* Implica viajar al mar, el río, la piscina o lo que aparezca primero bien rápido. Nadar bien rápido. Cenar bien rápido. Estar en familia bien rápido. Y volver a casa al tercer día bien rápido. Hasta para descasar y disfrutar andamos como escapando. Nuestros descansos son rápidos, solo escapadas. Rápidos, demasiado rápidos. Primero está el cúmulo de actividades que nos hacen andar apresurados, demasiados serios y sin la dosis de sonrisas que se hacen tan necesarias. Luego, si queda algún lugarcito, les daremos atención a las actividades que nos harán reír, descansar y disfrutar. De no ser así, seremos uno más de los miles que dicen que aunque quieren y lo necesitan, no tienen tiempo. En conclusión, ellos, nosotros, todos, nos pasamos la mayor parte de la vida sufriéndola y en menores proporciones disfrutándola.

Por eso resulta mucho más habitual observar que por todas partes se sufre más de lo que se disfruta y se llora más de lo que se ríe. La vida concebida como un sufrimiento, en medio del cual se esperará tener alguna alegría de tanto en tanto, no es más que una tortura camuflada en cómodas cuotas. Así que si de planificar agendas se trata, la pregunta que viene muy bien formular a continuación es: ¿Cómo está tu agenda? ¿Será verdad que, como dije en los párrafos anteriores, hay mucho de obligaciones y poco de disfrute? ¿Mucho correr, algunas escapaditas, y poco y nada de diversión y deleite?

Vamos, revísala, chequéala, investígala y saca tus conclusiones. Es como si te estuviera mirando y en silencio comprobara a tu lado el resultado de tu análisis: en esas hojas hay una plaga de obligaciones que son legítimas, legales y hasta necesarias, pero muy poco espacio marcado para descansar. Poco y nada de períodos separados de manera deliberada para disfrutar la vida.

Vida y disfrute, esa sí que es una buena combinación. ¿Por qué no? Siendo que por todas partes se oyen frases de que la vida no es sino una serie de procesos o circunstancias cargadas de dolor y desgracias, ¡qué frescura es creer lo contrario! Vida para vivir, vida para disfrutar. Eso conlleva una decisión. Decide buscar el tiempo. Mira el lado bueno de todas las cosas. Trabaja, pero descansa. Cumple, pero también ríe. Atiende tus obligaciones y además celebra. Habla con los jefes, pero pasa gran cantidad de tiempo de calidad en familia. Cena para cerrar negocios, pero no negocies la comida con los tuyos. Haz viajes de trabajo, pero organiza viajes de placer con los que están contigo. Llega temprano a tus horarios programados, pero no llegues tarde a celebrar que estás vivo con los que amas y viven a tu lado. Ríe, por Dios, ríe y habrá cosas muy buenas para contarles a los que quieran oírte.

No lo olvides: si uno ríe solo, está loco. Si tres ríen juntos, se contagiaron. Si diez ríen juntos, algo raro pasa. Si veinte ríen juntos, son una comunidad sanadora.

CAPÍTULO 28

LEÓN

(COLABORACIÓN DE ANDRÉS MIRANDA,
AUTOR URUGUAYO, CONFERENCISTA Y PERIODISTA.)

Cuando niño yo era bastante tímido e inseguro, y le tenía terror a otro chico que vivía en mi barrio. Él era unos años mayor y siempre que me veía me empujaba o simulaba que me iba a pegar.

Casi todas las tardes jugábamos al fútbol en la calle al regresar de la escuela. Campeonatos mundiales. Yo trababa de evitarlo, pero León siempre corría hacia mí y con pelota o sin ella me empujaba fuerte y me hacía terminar en el suelo. Él se daba cuenta de que le tenía miedo y no perdía la oportunidad de amedrentarme una y otra vez. Además de malo, era feo, o era feo porque era malo. Muchos de los otros muchachos también le tenían temor.

A pesar de todo, disfrutaba mucho de aquellos partidos de fútbol. Después de un choque con León, lo segundo más peligroso era que la pelota cayera en el jardín de Doña Juanita. Ella cuidaba mucho sus flores grandes y coloridas, y odiaba que nuestros pelotazos las dañaran. Por eso no devolvía las pelotas, sino que las desinflaba. Así que teníamos extremo cuidado de que nadie pateara la pelota en dirección de la casa de Doña Juanita.

Su vivienda quedaba al lado de la iglesia donde mi padre era pastor. Así que cuando la pelota caía en su jardín, el protocolo era que el que la había tirado corriera a toda velocidad, entrara por los portones de la iglesia, trepara el muro que dividía las dos propiedades, saltara al jardín de Doña Juanita, y antes de que ella saliera de la casa tomara la pelota y la arrojara de regreso a la calle. Primero tenía que salvar la pelota, después tratar de salvar la vida.

Yo no era un gran jugador. En realidad, cuando armaban los equipos, siempre me dejaban para el final. Entonces en un gran gesto de generosidad uno de los capitanes le decía al otro: «Puedes quedarte con Andrés». A lo que este respondía: «¡No, mejor quédatelo tú!».

El tiempo fue pasando, todos fuimos creciendo y poco a poco comencé a separarme de aquel grupo de amigos. Ellos seguían jugando al fútbol cada tarde, pero yo había hecho otras amistades en la secundaria. Ya no le tenía miedo a León. Mis nuevos amigos tocaban la guitarra, cantaban canciones de Los Beatles, Charly García y otros artistas del rock argentino que estaban en su furor. Usaban el pelo largo y pantalones de mezclilla.

Finalmente, un día me fui del barrio. Nunca más vi a León. Mi vida tomó otros rumbos, estudié, me casé, tuve hijos y me hice pastor.

Casi veinte años después volví al barrio, pero ahora como pastor de la iglesia. La misma iglesia donde mi padre trabajaba, la misma iglesia a la que entrábamos para rescatar las pelotas de la casa de Doña Juanita. La misma iglesia de mi niñez, que fue mi primera iglesia como pastor.

Los muchachos ya estaban grandes. ¡Tenían bigote y barba, pero seguían jugando al fútbol en la calle! Ahora se mezclaban con sus hijos. La tradición continuaba. Doña Juanita había fallecido. Su marido, absorto en la soledad y la tristeza, no cuidaba el jardín.

Y una tarde vi a León. ¡Vaya! No era tan grande ni tan fornido como yo lo veía en aquellos años. Me saludó amable, y su sonrisa a medias dejó entrever la ausencia de varios dientes. Estaba envejecido, demasiado. El alcohol y el cigarro habían hecho sus estragos. Él vendía macetas subido a un carruaje tirado por un viejo caballo.

Allí estábamos, mucho tiempo después, frente a frente otra vez. Yo, un pastor; él, un vendedor de macetas para plantas.

Bajó la vista y me saludó. Nos hicimos amigos. Yo le compraba las macetas para las flores y plantas de la iglesia. Muchos de aquellos viejos amigos comenzaron a venir a visitarnos. Algunos se convirtieron en fieles colaboradores. Yo ya no era tan tímido ni tan inseguro, sobre todo cuando subía a predicar.

León nunca entró a la iglesia. Estaba demasiado ocupado peleando con los fantasmas de su mente frágil por los efectos del alcohol.

Desde entonces no le tengo miedo a ningún León. Aprendí que el que hoy me ataca mañana puede necesitar de mí. Y mejor es no odiarlo para poderlo ayudar.

Cuando un León real o imaginario se abalanza sobre mí para intimidarme, recuerdo que todos los «Leones» tienen el tamaño y el poder que nosotros mismos les asignamos. Cuando un León me amenaza, ya no me enfoco en quién es él, sino en quién soy yo.

Aprendí que aunque lo esconda, el miedo se puede oler. Así que decidí no esconderlo cuando lo experimento, pero jamás paralizarme por causa de él. La valentía no es la ausencia de miedo, sino avanzar a pesar del temor.

Los hijos de mis amigos siguen jugando al fútbol en la calle, mientras los hijos de mis nuevos amigos juegan con iPads y celulares en el país donde vivo ahora. Hace muchos años que no piso aquellas calles ni sé nada de León. Todavía no me quieren en los equipos de fútbol, pero ya no me importa, porque he aprendido también que uno es el mejor para ocupar el lugar que está destinado a ocupar.

CAPÍTULO 29

BUSCA TU PROPIO ÁNGEL

«Prefiero fracasar en algo que amo que triunfar en algo que odio».
—GEORGE BURNS

Estoy convencido de que la fecha en la que uno muere no es la misma que queda grabada en nuestra sepultura. La mayoría de la gente muere mucho antes. Comenzamos a morir cuando ya no nos queda nada por lo que valga la pena vivir. Y no comenzamos a vivir hasta que hayamos encontrado algo por lo que valga la pena morir.

Resulta irónico que descubrir aquello por lo que valga la pena morir sea el motivo de que valga la pena seguir viviendo.

Darle forma a un sueño que se tuvo desde pequeño es una decisión. Los seres humanos van y vienen por todas partes y ninguno de ellos niega que tenga sueños nobles, objetivos sagrados que quiere alcanzar.

Todas las personas los tienen.

Tener sueños grandes no es un privilegio de pocos y una decepción de muchos. No, en absoluto. Soñar es algo propio de nosotros desde el momento en que aparecimos en la tierra, sin distinción de cultura, país, color, sexo, estatura, posición ni religión. Me he dado cuenta de una cosa, y es que algunos usan como excusa ciertas condiciones en las que a todos y cada uno de los que tienen sueños les toca actuar para no progresar o comenzar a crecer y cambiar su realidad.

Es posible que no te veas como un soñador, pero lo eres. Tienes sueños de los que ni tan siquiera estás consciente, sueños que no has pensado que lo son. Nunca se sabe cuándo, dónde o cómo el destino llamará a tu puerta, pero rara vez tiene una cita programada. Casi nunca descubres tu sueño, tu sueño es el que te descubre a ti. Si eres padre o madre, por ejemplo, tienes un sueño. Incluso le diste un nombre a tu sueño cuando él o ella nacieron.

Me he dado cuenta de que hay listas para todo. Por eso también existen interminables listas de razones por las que miles en el mundo no se atreven a soñar. Estrechez económica de sus familias. No tener un padre o una madre. Haber vivido en el sector más peligroso de la ciudad. No haber nacido en el primer mundo. No tener un apellido ilustre y haber carecido de posibilidades para estudiar. Ser el último de un montón de hermanos. Sufrir una enfermedad visible y severa. No ser bien parecido o tener algún defecto.

Es posible que la persona experimente cualquiera de esas dificultades, pero a pesar de esas degradantes descripciones de sí misma, lo que sí constituye una verdad absoluta e irrefutable es que por encima de todas esas supuestas limitaciones —algunas ciertas y otras muy infladas— la persona puede soñar y lanzarse a cambiar ese presente que sufre y lamenta por un futuro lleno de grandeza, realización y salud.

Soñar es un combustible, ya que impulsa los motores de la imaginación, la creatividad y la determinación, que son elementos propios del progreso. He aprendido que si se tiene un sueño para la vida, no se debe perder ni un minuto más en envidiar, apedrear ni matar los sueños de los demás, sino emplearlo en construir lo que alguien con todo derecho se atreve a soñar.

Es sabido que nosotros mismos le damos vida a los sueños o se la quitamos. Nuestros sueños nos preceden. Nacieron mucho antes de que existiéramos. Nuestros sueños suceden después de nosotros. Ellos marcan la diferencia mucho después de que nos hayamos ido. Y ya que estás soñando, no vayas detrás de pequeñeces, ve por un sueño inalcanzable, de esos que te quitan el sueño que da la almohada.

El gran error de muchos es que comienzan persiguiendo una pasión y terminan conformándose con un salario. En lugar de edificar una vida, lo que hacen es ganarse la vida. Y las pasiones más profundas quedan sepultadas por las responsabilidades cotidianas. Conozco personas muy exitosas que son muy infelices. Y esto es porque han apoyado su escalera en la muralla equivocada, donde no estaba su ángel.

Déjame explicarte lo del ángel.

Luis Sandrini fue un actor argentino que filmó setenta y dos películas. En 1980 rodó su último filme, *¡Qué linda es mi familia!*, aunque se sentía mal. Terminó la última escena de su película y se fue directo al hospital a internarse solo, donde murió dieciséis días después, el domingo 5 de julio de 1980.

Yo fui a buscar el periódico donde salía la noticia esa mañana. Al día siguiente cumpliría doce años. Así fue como decidí que quería morir haciendo lo que amo. Quiero vivir con esta pasión que me ha dado Dios hasta que me tenga que ir.

Su esposa, Malvina Pastorino, otra gran actriz, más tarde declararía a los medios: «Su ángel estaba en el set». El «ángel» aquí es un recurso literario para definir aquello que nos motiva, que nos mueve, que hincha las velas de nuestra pasión. Eso que logra que sigas avanzando, aunque sepas que te estás muriendo.

El hijo de la novia es una película argentina del año 2001, dirigida por Juan José Campanella. Fue nominada como Mejor Película Extranjera por la Academia de los Oscares y ganó el Cóndor de Plata a la mejor película. La misma presenta a Rafael Belvedere (interpretado por Ricardo Darín), un cuarentón que ha heredado un restaurante de su padre; sin embargo, el estrés por las nuevas exigencias del lugar lo tiene agobiado y decide vender el negocio familiar. Él le plantea el asunto a su padre, interpretado por Héctor Alterio, quien en una escena magistral le da las razones por las cuales está de acuerdo en que venda el restaurante. Mientras termina de saborear un postre, le dice a media voz, casi pensando en voz alta: «En verdad este restaurante lo empecé con Norma. Yo cocinaba, ella atendía, era una cuestión de dos. Me acuerdo que siempre discutíamos en cuanto a por qué venía la gente. Ella decía que por la cocina y yo replicaba que por su atención. ¡Es que Norma era una cosa! Ella sí que era la especialidad de la casa, con esa sonrisa que tenía, ja, ja, ¡qué cartel luminoso!

»Imagínate, entraba la gente y ¡bum! se encontraba con esa pintura. Y ahí nomás se le aparecía la Norma verdadera, más alegre, más luminosa. Y claro, el cliente pensaba que había entrado, qué sé yo, al paraíso por lo menos. Entonces ella les pedía que la siguieran, que los iba a llevar a la mejor mesa. Eso se lo decía a todo el mundo, que los llevaba a la mejor mesa. Y todos se lo creían, porque si ella te llevaba, era la mejor mesa. Te hacía sentir como si fueras el único.

»Federico y yo nos reíamos, porque cada vez que iba a la cocina, todos, eh, todos, mujeres, niños, hombres, todos, todos se quedaban como embobados mirándola. No sabían si seguían en la tierra, si era un fantasma... tenían miedo que no volviera.

»Y entonces, los volvía a sorprender, anotando todo ahí, mira, junto a la caja, paradita como por arte de magia, como un ángel. Mi ángel.

»Y si el tuyo no está aquí, tienes que ir a buscarlo a otro lado, hasta que lo encuentres...».

Coincido con el personaje de la película: Tu ángel está en alguna parte, solo es cuestión de dar con él.

CAPÍTULO 30

MIS DESAFÍOS

No pelearé con ratas,
tampoco liquidaré cucarachas,
ni perderé mi tiempo golpeando gallinas.
Enfrentaré a bravos leones,
hasta que huyan o se rindan.

No iré por descampados,
ni por abandonados baldíos.
Iré por ciudades que sean bien grandes,
y penetrarlas será mi gran desafío.

No quedaré en la historia
por pelear por un metro cuadrado.
Me ganaré un lugar,
solo por haber conquistado
las montañas más fuertes
y las cumbres más altas.

No iré detrás de algo fácil,
eso que cualquier mortal alcanza.
Iré por algo bien grande,
un desafío que me quite el sueño
y llene mis ojos de apasionadas lágrimas.

No me lamentaré por nada,
ni haré del llanto mi excusa y mi morada.
Jamás gritaré que soy débil,
ni le daré el honor a nadie
de decir que me rindo
y quedarme con nada.

Todavía estoy bien fuerte,
y la pasión permanece intacta.
Si mis desafíos me definen,
entonces sepan que voy por ustedes,
¡montañas, leones y ciudades fortificadas!

CAPÍTULO 31

LOS OLORES DE AQUELLA COCINA

Hay aromas que jamás se olvidan, que quedan grabados para siempre en el alma y el corazón. Uno de ellos, sin lugar a dudas, es el olorcito inconfundible que provenía de la cocina de mi abuela. Un aroma a comida preparada sin apuro con alimentos frescos, sin conservantes ni agroquímicos. Y sazonada con especias que la abuela guardaba en frascos transparentes, con tapas de colores brillantes, prolijamente alineados en un viejo estante de madera.

Resulta imposible definir ese maravilloso olor con palabras, pero si de pronto algo me recuerda tal aroma, me invade una profunda sensación de felicidad. Y mi mente retrocede en el tiempo, viajando mansamente hacia aquella cocina donde aprendí a amar la comida con sabor a familia.

Mi abuela fue uno de los grandes amores de mi vida. Ella era una mujer de mirada infinita, carácter fuerte y una tremenda dulzura. Desde que tengo memoria nunca nos recibió con los brazos vacíos, el corazón estrujado o la mirada triste. Para sus nietos solo había sonrisas, cariño y por supuesto, una taza de leche con chocolate caliente o su deliciosa sopa, según la hora de la visita.

Desde muy niño me llamó mucho la atención la manera en que mi abuela cocinaba. Ella nos preparaba platos tan especiales, que muchas veces me pregunté: *¿Qué hace para que le quede tan sabrosa la comida? ¿Cuál es el secreto? ¿Será que utiliza un caldo especial elaborado previamente? ¿Será que el secreto está en las salsas? ¿O será simplemente que cocina con amor?*

Nunca pude descubrir el misterio. La abuela, como casi todas las mujeres de su generación, consideraba que la cocina era su santuario y no permitía que nadie entrara a ella hasta que la comida estuviera lista y la familia fuera convocada a sentarse a la mesa. Una vez allí, podíamos entregarnos a los olores de aquella cocina que no olvido. Se trataba de una verdadera fiesta de aromas y sabores.

Otra particularidad de aquellos tiempos era que las recetas de las abuelas estaban protegidas bajo siete llaves. Las tenían meticulosamente anotadas a mano en un cuaderno, el cual permanecía escondido en el fondo de un cajón del armario de su cuarto. Cuando transcurría el tiempo y la abuela dejaba de estar entre nosotros, esos cuadernos pasaban a manos de una de sus hijas. Ella los recibía como un tesoro para continuar con la tradición familiar aunque los resultados no fueran exactamente los mismos, ya que nadie podía igualar el talento de la abuela para la cocina.

Mi abuela preparaba unos guisos inolvidables, sin mezquinar ningún ingrediente. Uno podía percibir el perfume de cada alimento por separado y a la vez deleitarse con la embriagante fusión de todos los alimentos en conjunto. Soy muy feliz con mi vida actual, pero no tengo pudor de confesar que daría cualquier cosa por volver a compartir una cena familiar en la cocina de mi abuela, mientras ella iba sirviendo todos los platos con su ya legendaria cuchara de madera, por supuesto.

La abuela siempre nos consintió y nos recibió con algo más que los brazos abiertos. Nos colmaba de amor con su estupendo sentido del humor, su legado culinario y su tiempo invertido en la cocina. Algo que para ella no resultaba un fastidio, sino un deleite, pues la cocina era una de sus pasiones y por tal motivo cuidaba cada detalle. Nunca probé un guiso suyo mal condimentado o una sopa desabrida. Cocinar era su tarea, su entretenimiento y su orgullo.

Como ya dijimos, los aromas de los momentos felices quedan impregnados en los vericuetos de la mente. En la memoria del alma. Y uno de los recuerdos más nítidos que tengo de mi abuela es la tarde en que cociné con ella. Fue una sola vez, pero se me quedó grabada para toda la vida.

Se acercaba mi noveno cumpleaños y le pedí que me ayudara a preparar la torta. Mi pastel, nada menos. Ella reaccionó fascinada. Por un par de horas me permitió invadir el santuario de su cocina y con los ojos llenos de asombro la vi separar las claras de los huevos y desatar una verdadera fiesta batiendo a mano con maestría, haciendo bailar a la mantequilla con la harina y los huevos, mientras el azúcar brillaba como millones de diamantes en polvo. Hasta ese día, todos mis pasteles de cumpleaños habían servido para colocarle un muñeco del personaje de moda y soplar las velitas. Pero en el festejo de mis nueve años no me importaba la decoración ni las velitas encendidas. Ese día lo mejor de la fiesta era el hermoso pastel, pero fundamentalmente debido a que lo había preparado «con» mi abuela.

Hace muchos años que mi abuela partió, pero lo importante es que sigue en nuestra memoria. Sus nietos la veíamos como un hada llena de magia, aroma y sabores.

¿Por qué les cuento esto? Porque con el paso del tiempo descubrí que mi abuela de joven no era una experta en la cocina y se había esforzado mucho para lograrlo. Supe que necesitó mucho apoyo de su madre para llegar a cocinar bien. Y su único objetivo era el bienestar de la familia, hacerla sentir bien en la mesa y compartir momentos agradables con sus hijos y nietos. Por supuesto, cumplió su meta, pues fuimos una familia muy unida y pasamos momentos muy felices alrededor de la mesa familiar, que era sagrada.

Así que sé muy bien de dónde sale esta pasión mía por la gastronomía, esta necesidad de aprender a cocinar y hacerlo de vez en cuando, de valorar los alimentos y querer escuchar hoy a mis hijos decir que les gustó algo preparado por mí. Y cuando eso sucede, me siento tan cerca de mi abuela que hasta puedo imaginarla sonriéndome, con su inseparable delantal y su cuchara de madera en la mano.

Abuela Ana, querida «Oma», hay olores que jamás se olvidan.

CAPÍTULO 32

AMISTADES LEGALES

Ni bien ingresé a la tienda de instrumentos musicales —uno de los primeros trabajos de mi juventud como vendedor— lo primero que hicieron mis jefes al recibirme fue presentarme a mis nuevos compañeros de trabajo. Sector por sector y uno por uno. Un fuerte apretón de manos, un deseo de que todo me fuera bien y el consiguiente ofrecimiento para cualquier cosa que yo necesitara fueron los detalles más sobresalientes del inicio de mis años en la empresa.

Ellos eran *mis compañeros*. Los que trabajaban conmigo. Gente que yo no elegí y no me eligió a mí. Se trataba de cincuenta personas que nos reuníamos y pasábamos juntas hasta diez horas diarias de nuestra vida de lunes a viernes solo por el simple hecho de haber encontrado trabajo en una misma empresa.

Lo interesante del caso es que en esas horas todo era solo trabajo y nada más. Horarios, papeles, instrumentos musicales, dinero, clientes, reclamos y un salario que cobrar a fin de mes. En ese proceso solo mantuve una amistad laboral con unos cuantos compañeros. Pero nada más allá de eso.

Algo concreto e indiscutible es que no elegí a ninguno de ellos, solo los encontré allí cuando llegué. Si se puede decir, me fueron impuestos naturalmente por el sistema, sin haber reclamo alguno por mi parte. Se trataba de compañeros forzosos, ocasionales, obligados por una ley, la de trabajar en la misma tarea. Se me ha ocurrido llamarlos *amistades legales*.

Las amistades legales son amistades institucionales. Son los «amigos» con los que me encuentro en una determinada institución. Los objetivos que todos tenemos son solo aquellos que la institución nos manifiesta e impone. Trabajamos, hablamos, discutimos, unimos esfuerzos e incluso viajamos juntos, pero todo gira alrededor de intereses que no son personales, sino institucionales. Los elementos que nos vinculan y justifican que trabajemos juntos tantas horas por día son los objetivos y demandas de la organización. Esos objetivos constituyen nuestro motivo para estar juntos.

Con la desaparición de esos objetivos institucionales o legales, es de suponer que desaparezca también la amistad, la cual la mayoría de las veces no supera lo estrictamente laboral. Somos amigos, o mejor dicho compañeros, en el ámbito laboral y nada más. No hay razón ni obligación de cultivar una amistad que empieza en la mañana y termina por la tarde cuando cada uno se va a su casa.

Es entonces que nos vamos al encuentro de nuestra propia vida, nuestra vida real, la que no solo es laboral. La vida con sus problemas, relaciones, sueños y pesadillas. Y es justo en ese ámbito donde la amistad resulta absoluta y totalmente diferente a la experimentada en una institución. Allí sucede otra cosa. Allí no nos imponen nada, sino hacemos uso del derecho de la opción. La opción de elegir. Así como elijo dónde trabajar, qué religión confesar, cómo gastar mi dinero, qué inversión realizar, a qué riesgo me he de someter, con qué mujer pasaré el resto de mis días y cuántos hijos tendré, deberé también elegir quiénes serán mis amigos o esos seres especiales que por mi libre elección formarán parte de mi círculo más íntimo.

De modo que lo mejor que podemos hacer es no confundir las relaciones establecidas por el solo hecho de estar juntos en una institución determinada con aquellas que resultan de elegir a los que incorporaremos a nuestro círculo de relaciones vitales. No es bueno adjudicarle las expectativas de una amistad vital a una relación que solo se justifica por el hecho de ambos ser parte de una organización.

Si hacemos eso, experimentaremos una sensación de decepción y fraude de enormes dimensiones.

La decepción en ese caso será lógica, pero habrá sido absolutamente innecesaria. Además, tal decepción instalada en nuestro corazón puede herirnos certeramente. ¿Por qué? Porque hemos confundido una amistad obligada por el hecho de trabajar con alguien en una misma institución con lo que es realmente una amistad o relación vital.

CAPÍTULO 33

LA PALABRA DE HONOR

«Cuida tus pensamientos, porque se convertirán en tus palabras.
Cuida tus palabras, porque se convertirán en tus actos.
Cuida tus actos, porque se convertirán en tus hábitos.
Cuida tus hábitos, porque se convertirán en tu destino».

—MAHATMA GANDHI

«Las palabras son como monedas, que una vale
por muchas como muchas no valen por una».

—FRANCISCO DE QUEVEDO, ESCRITOR ESPAÑOL

Mi padre siempre me dijo que la palabra y un apretón de manos valen más que una firma. Eso se debe a que el valor de un hombre lo determina el valor de su palabra.

Antiguamente, cuando las personas iban a las ferias a fin de comprar y vender sus productos, la forma de pago era darse la mano. Con eso se aceptaba la operación, era la firma del contrato. Si la compra no resultaba lo que se había esperado, el comprador asumía el riesgo, era su responsabilidad, pues había sellado el contrato con un apretón de manos, algo sagrado. Se creía en la honorabilidad de las personas, de modo que así funcionaban las transacciones, basándose todo en la rectitud y el compromiso establecido por medio de la palabra dada. En aquellas épocas la palabra empeñada, la palabra de honor, tenía un enorme valor. Las frases «Te doy mi palabra» o «Te doy mi palabra de honor» eran categóricas. En esas expresiones iba la vida.

De niño me fascinaba sentarme junto a mi abuelo a escuchar sus historias. Él era un libro abierto, una persona que había vivido mucho, de mundo y también de principios. Siempre saqué algo de valor de sus charlas y enseñanzas, que atesoro en lo más profundo de mi corazón. Se trata de esas lecciones de vida que no se enseñan en ningún otro lado, ni en la escuela, ni en la calle. Cada una tiene su particularidad, y todas son opciones válidas. Estar frente al abuelo era algo inigualable.

Recuerdo sus consejos y su interés por rescatar y mantener sus viejas costumbres, las cuales luego heredó mi padre y continúo yo, y cuyo ejercicio diario hacía y debería en la actualidad hacer funcionar al mundo. En el mundo de hoy a mí me toca «bailar con la más fea», como se dice popularmente. Me siento a veces como Don Quijote luchando contra los molinos de viento. Los paradigmas han cambiado, pero de todas maneras sigo esforzándome por mantener nuestras tradiciones y que el mundo de hoy sea un poco mejor, aportando mi humilde granito de arena con las enseñanzas de mis mayores.

Hace ya muchos años, cuando mi abuelo se dedicaba entre sus tantas actividades a vender automóviles usados, llegó un cliente que se interesó por un modelo de auto. Quería regalárselo a su hijo que cumplía la mayoría de edad en los próximos días, pero no tenía el dinero para comprarlo en ese momento. Sin embargo, iba a disponer de él más adelante, pasada la fecha del suceso. Así que el cliente le solicitó a mi abuelo que le permitiera llevarse el automóvil para no llegar al cumpleaños de su hijo sin el preciado obsequio. Además, le preguntó a mi abuelo si no podrían hacer los trámites de la transferencia en ese mismo momento, de modo que fuera capaz de entregarle el coche a su hijo con toda la reglamentación como corresponde.

¿Qué le daba a cambio el comprador? Su palabra de honor de que en unas semanas regresaría a traerle el dinero adeudado.

¿Quién de nosotros hoy en día nos atreveríamos a aceptar esa propuesta? ¿Sería suficiente la palabra dada por un extraño para negociar? ¿Estaríamos tan tranquilos de que no nos van a embaucar? Pues bien. Mi abuelo no tuvo inconveniente alguno. Le creyó y aceptó su palabra de honor como documento válido de pago, del mismo modo que si hubiese recibido el dinero al contado. Así actuaba la gente antes.

Cuando me contó la anécdota, yo era un niño, pero no tanto como para no comprender el asunto, de modo que me acuerdo que le dije:

—Abuelo, ¿pero cómo le vendiste el carro a un desconocido con solo su palabra de honor de garantía?

—Porque era alguien como yo, hablaba mi mismo idioma, y la palabra siempre es más segura que el dinero en efectivo —me respondió.

Los tiempos han cambiado. Hoy en día las operaciones se realizan a través de bancos, escribanías, pagarés, cheques, papelerío, sellos, firmas y documentos. ¿Cómo se ha llegado a devaluar y menospreciar tanto la palabra y el honor de las personas? En la actualidad, lamentablemente, la palabra de honor vale menos que el papel.

Sin embargo, tenemos que cambiar la historia. Tenemos que volver a las fuentes. Es nuestra misión reivindicar los actos de estrechar la mano y mirar a los ojos, otorgándole validez a la frase «Te doy mi palabra», como sucedía antes. Debemos hacerlo por nuestros antepasados y nosotros mismos.

Para que conozcas un poco más a mi abuelo, el vendedor de carros usados, te contaré otra historia acerca de él. En una ocasión, un cliente reservó un automóvil para comprarlo. Ellos pactaron de palabra y sellaron la operación y el precio convenido con un apretón de manos. El cliente iba a venir a pagar y retirar su vehículo a las dos semanas. Durante el transcurso de ese tiempo, hubo un aumento inesperado en el valor de los coches. Tanto es así, que el mismo auto cotizaba un treinta por ciento más del valor estipulado.

Al cumplirse el plazo, el cliente llegó temiendo que el precio de su compra hubiera sufrido una modificación sustancial. Pero no. Cuando se presentó frente a mi abuelo, él le dijo sin titubear: «Hace quince días le di mi palabra de que el valor del carro sería ese. Mi palabra vale más que cualquier aumento que hayan tenido los valores de los autos».

Parece una fábula, ¿verdad? Parece que estuviera hablando de un mundo muy lejano y desconocido. O quizás se trate de una broma. ¿Cuántos son los que mantienen la palabra o un fajo de billetes los hace cambiar de opinión?

Así era mi abuelo. Así eran todos los abuelos y los seres de bien que poblaban este mundo. O al menos la mayoría.

No cuento esto para rememorar viejos tiempos suspirando o lamentando utopías perdidas, como si el pasado se hubiera extinguido. ¡No señor! Hablo desde el punto de vista de la reivindicación, porque hoy en día también hay gente en la cual se puede confiar. No todo está perdido. Somos muchos y seremos más. Tenemos que retomar la senda. Una gran cantidad de personas seguimos transitando el camino de la honestidad, la dignidad, la confianza en el otro; seguimos manteniendo vigente y bien en alto la «palabra de honor».

Algunas culturas esperan que todos los políticos mientan. Hay personas que justifican a los médicos que no les dicen la verdad a sus pacientes para no perturbarlos con las malas noticias. Muchos enseñan que es aceptable mentir cuando se trata de la pregunta: «¿Te gusta mi nuevo vestido?».

Una gran cantidad de hombres de negocios ha alcanzado su éxito mintiéndoles a sus clientes, a sus acreedores, a los bancos y a sus proveedores. Es muy fácil decir: «Este producto es de primera calidad», cuando sabes que no lo es. O afirmar: «Se lo tengo sin falta para el viernes», cuando sabes que no podrás tenerlo sino hasta el próximo martes.

Con frecuencia, las personas mienten para conseguir un trabajo. Falsifican certificados y diplomas.

Engañan acerca de su estado matrimonial.

Por eso, cuánta satisfacción sentimos cada vez que nos asomamos a ese mundo en el que una palabra dada tiene fuerza de ley. Un mundo en el que, por obra y gracia del amor, la palabra vale más que montañas de documentos. Un mundo en el que uno ama tanto al otro que está seguro de que nunca será engañado. ¿Por qué no edificamos y vivimos en un mundo así?

Yo voy a hacer todo lo posible por lograrlo.

Después de todo y al final del día, prefiero que me odien por lo que soy a que me amen por lo que no soy.

Les doy mi palabra de honor.

CAPÍTULO 34

AUMENTA LA DOSIS

Cuando uno es niño, entiende que con pocas cosas se puede ser feliz. Al menos durante el tiempo de mi niñez ocurría eso. Quizás fuera la educación recibida, las posibilidades que teníamos, el ambiente donde nos movíamos, pero tengo la íntima percepción de que uno se arreglaba con poco. Bastaba un puñado de objetos, afectos y seres queridos para transitar por la vida con dignidad, sabiduría y felicidad. Y esa lección de vida la terminamos incorporando a tal punto, que con el tiempo entendemos y confirmamos que no se necesitan demasiadas cosas para ser feliz. O en todo caso, ellas no están relacionadas con el dinero. ¿Cuántas veces hemos escuchado la frase que afirma que el dinero no hace la felicidad? Eso es muy cierto. No se trata de que debamos desatender los temas que se relacionan con la vida cotidiana y las cuestiones que tienen que ver con la supervivencia. Al contrario, más bien no debemos ignorar los temas que conciernen a los sentimientos y las conductas humanas para justamente certificar la supervivencia.

Uno decide ser feliz. Después ve cómo lo logra. Pero el punto de partida es una decisión personal. Creo firmemente que es así.

Hace poco fui al médico a hacerme un chequeo de rutina. No tenía ningún síntoma extraño, simplemente fui por control, porque deseo sentirme bien. Me hicieron los exámenes habituales en estos casos. Una vez que tuvo los resultados en la mano, el médico me dijo que los análisis estaban correctos, pero que para sentirme bien necesitaba realizar otro tratamiento.

No entendí qué quería decirme. Si todo me había dado bien, ¿qué tratamiento tenía que hacer? ¿Y por qué? ¿En qué consistía?

El facultativo me pidió que anotara en un recetario todas aquellas cosas que me hacían feliz. Que percibiera lo que me hacía sentir bien y lo escribiera. El mayor número de cosas posibles. Y entonces que volviera a verlo la semana entrante.

Así lo hice. Fui a mi hogar y me puse a escribir una lista de las cosas que me hacían feliz. Anoté:

1. Reunirme con los amigos.
2. Leer
3. Salir a caminar.
4. Escuchar música tirado en el piso con los ojos cerrados. (Sí, me gusta eso, aunque no es recomendable a la hora de conducir.)
5. Cocinar el único plato de comida que me sale bien: un asado.
6. Ver películas.
7. Jugar con mis hijos.

Había más cosas, seguramente. Pero solo anoté las principales para empezar. No sabía bien lo que pretendía el doctor.

A la semana siguiente concurrí nuevamente al consultorio médico. Le entregué la lista al doctor, quien leyó lo anotado y me dijo: «Mire. Según su criterio, usted puede llegar a la conclusión de que todo lo que anotó aquí constituye su recetario personal. Si todas estas cosas lo hacen sentirse bien y feliz, entonces para sentirse mejor lo que tiene que hacer es muy simple: aumente la dosis».

Así de sencillo, solo necesitaba aumentar la dosis. Ese es uno de los secretos para sentirse mejor y ser feliz. No hay modo de que podamos estar bien con los demás si primero no estamos bien con nosotros mismos. Recuerda: observa lo que te hace bien y aumenta la dosis. Ese es el secreto para estar bien y ser feliz.

Y voy a añadirle aquí el último punto a mi lista:

1. Reír.

Sí. Reír me hace feliz. Nos hace felices a todos. Nos hace sentir bien. No sé cuántos de nosotros pondríamos la risa en nuestra lista, pero es una cosa buena. Y creo que es algo fácil de lograr, sin costo alguno. No se necesita ser ni rico ni pobre para reír, sino simplemente tener la actitud y las ganas de hacerlo. Por eso, recuerda:

Ríe.
Ríe todo el día.
Ríe todo lo que puedas.
Ríe hasta las lágrimas.
Ríe fuerte, a carcajadas.
Ríe solo.
Ríe con amigos.
Tú, ríe.
La risa sana.
La risa contagia.
La risa enamora.
Ríe con motivo.
Y sin motivo también.
La risa frena el dolor.
La risa es felicidad.
Reír es amor.
Amar es reír.
Reír ilumina.
Es luz para el alma.
La risa vence al estrés.
Vence a la ira.
Al odio.

La risa siempre vence.

Es volar.

Es poesía.

Es dulzura.

No hay nada como la risa de un niño.

De un anciano.

De un enfermo.

Reír aleja a la muerte.

Reír es vida.

Así que ya sabes, no necesitas mucho. Busca por qué reír. Y luego, solo aumenta la dosis.

CAPÍTULO 35

CUARENTA CENTÍMETROS

Estamos acostumbrados a la vida. Nacer es normal. Respirar lo es. Pero, ¿la muerte? No fuimos hechos para decir adiós. El plan original de Dios no tenía despedidas: nada de última exhalación o último latido del corazón. Max Lucado, en su libro *Saldrás de esta*, supo expresarlo muy bien: «La muerte es el intruso. La figura bocetada en madera en el Louvre. No encaja. ¿Por qué Dios habría de dar un compañero de pesca para luego llevárselo? ¡Llenar una cuna y luego vaciarla? No importa cómo lo pongas, el adiós no tiene sentido [...] Duermes solo en una cama para dos. Te mueves por tu casa en medio de un aplastante silencio. Te sorprendes pronunciando su nombre o tratando de cogerle la mano [...] la separación ha agotado tu espíritu. Te sientes aislado como si estuvieras en cuarentena. El resto del mundo sigue adelante; tú anhelas hacer lo mismo. Pero no puedes; no puedes decir adiós».

Según mi criterio, quien mejor narra el significado del adiós con su magnífica pluma es Mamerto Menapace, un monje y escritor argentino que desde joven se dedicó a escribir cuentos, poesías, ensayos bíblicos, narraciones y reflexiones, generalmente orientados al público juvenil, y ha editado numerosos libros muy famosos en el ámbito de la iglesia católica en Argentina y también en el extranjero.

Él afirma que el llanto y el adiós siempre nos acompañarán. Lo mismo que la risa. Dice que son características humanas. Que cuando un niño nace, él llora y todos nosotros reímos. Por eso debemos vivir la vida de modo que, en el momento en que nos toque partir a nosotros, nos riamos, mientras que todos los que queden aquí nos lloren.

La partida de mi madre me obligó a reflexionar acerca de nuestra mortalidad. Cuando me llegó la noticia de su muerte, mi entendimiento la captó de forma nítida, pero mi corazón no la aceptó. Evidentemente, necesitaba tiempo, pues ambas apreciaciones tienen ciclos diferentes.

Así comenzó una inmensa peregrinación, según dicen la más larga del ser humano. Tiene apenas cuarenta centímetros, pero a veces nos pasamos la vida entera sin concluirla. Se trata de la distancia que va desde la cabeza hasta el corazón. Del hecho de saber a aceptar. Del conocimiento al sentimiento profundo. Por eso mi llanto no afloró al enterarme. Vendría después, en su momento justo, cuando el corazón tuviera el suficiente sosiego como para comprender y aceptar.

Frente al sufrimiento de los que amamos, nuestro corazón se desasosiega y no admitimos esa agonía dolorosa, sino tratamos por todos los medios de evitarla. No sé si lo hacemos por la persona que amamos o por nosotros mismos. Además, tenemos la secreta sensación de que somos los responsables del dolor y la angustia que no podemos evitar, lo cual nos genera una sensibilidad a flor de piel que fácilmente se convierte en agresividad hacia cualquiera que no comparta nuestra angustia.

Por tal motivo, necesitamos compartir las penas. Cuando la presión de un acontecimiento es demasiado grande, uno necesita válvulas de escape que permitan que las emociones vuelvan a su cauce normal. Entonces podrás afrontar la realidad con un corazón más sosegado.

Dicen que las alegrías, cuando se comparten, se agrandan. Y que en cambio con las penas sucede al revés, al compartirlas se achican. Tal vez lo que sucede es que al compartir, lo que se dilata es el corazón. Y un corazón dilatado está mejor capacitado para gozar de las alegrías y mejor defendido para que las penas no lastimen por dentro.

Por eso uno quiere saber los detalles de lo que le sucedió a nuestro ser querido, qué dijo y qué hizo antes de partir. Y así al recordar los detalles nuestro corazón se va acostumbrando a vivir con la ausencia.

Cuando mi madre partió, le pregunté a papá cómo ella se veía. Me dijo que sonreía, pero no era cualquier tipo de sonrisa. Mamá tenía varias. Sin embargo, quiero pensar que mostraba su sonrisa de complicidad.

Aquella que brotaba cuando jugábamos a las damas y me sorprendía haciéndole trampa o admitía haberla hecho ella misma. Esa que cada uno de nosotros conocía y vinculaba a una afinidad de momentos estrictamente personales, momentos intransferibles que te hacían sentir que mamá era exclusivamente tuya y tenían un montón de secretos compartidos solo entre los dos.

Hay algo que quiero confesarte: los hombres no sabemos qué hacer cuando el tiempo se prolonga y no tenemos de qué ocuparnos. No sabemos esperar la vida, nos parece que tenemos que conducirla, cambiarla, transformarla. Y si no lo podemos hacer, entonces nos sentimos desubicados, nos sentimos inútiles. Los hombres se caracterizan por su objetividad y pragmatismo. Para ellos, el camino es solo una necesidad a fin de llegar a la meta. Quieren ver los resultados y si pudieran, abreviarían el camino. Además, se dice que el hombre solo lucha mientras tiene esperanzas.

Las mujeres, en cambio, comienzan a actuar con más intensidad cuando se dan cuenta de que ya no hay nada que hacer. Quizá por eso tienen el valor de estar junto al lecho del dolor, valorando ese tiempo en que los varones nos sentimos inútiles y que por lo tanto evitamos. Ellas se caracterizan por su capacidad de espera. Pareciera que el embarazo las acostumbra a saborear la gestación de las realidades, con su cuota de angustia. Las mujeres gozan y sufren los caminos. Valoran las metas, pero por la intensidad de los caminos. Tienen la capacidad de ser fieles en el silencio y en la espera durante los momentos fundamentales de la vida.

Esto también sucede en los funerales, donde las mujeres permanecen en silencio, velando toda la noche, sin moverse casi de allí. Ellas contemplan en silencio, piensan. Los hombres, por su parte, tratan de hablar, de salir afuera, de ayudar con algo, porque se sienten inútiles, impotentes ante la muerte que no pueden resolver.

Al pie de la cruz esto se evidenció con nitidez. Para los apóstoles ya no había nada que hacer. Para María y las mujeres que la acompañaban aquellos instantes resultaban valiosos y querían experimentarlos con toda su sensibilidad maternal y femenina. Allí las fuertes eran ellas.

Los apóstoles no supieron qué hacer con su dolor y lo convirtieron en miedo. Actuaron cuando hubo que hacer algo práctico, como bajarlo de la cruz o llevarlo a la sepultura. Pero llegaron al domingo sin esperanza. Las mujeres, en cambio, compartieron el Gólgota con tal intensidad que fueron las primeras testigos de la resurrección.

Es posible que si perdiste a un ser amado te sientas tentado a preguntarte: «¿Por qué no se comunican con nosotros? Si ellos ya viven en la luz y la felicidad, ¿por qué no se comunican con nosotros que aún estamos en este valle de lágrimas?». ¡Cuánto consuelo nos daría una palabra suya certificándonos que están bien!

La misma pregunta también es válida para el bebé que está en el vientre de su madre y aún no puede ver la luz. ¿Por qué no nos comunicamos con él y le confirmamos la seguridad de nuestra presencia acogedora? ¿La certeza de la luz en la que ya vivimos y que él pronto compartirá?

Sí, lo hacemos. Sin embargo, él no está todavía capacitado para entendernos. Y tal vez suceda lo mismo con nuestros seres queridos que han partido. Hay demasiada luz allá que aún no podemos comprender.

Así que las palabras del genial Mamerto Menapace son las más ciertas que he escuchado, y es por ello que admiro su magnífica manera de escribir.

Se trata de la peregrinación más larga.

Son apenas cuarenta centímetros.

Y es la distancia que va desde la cabeza hasta el corazón.

CAPÍTULO 36

NOSTALGIA

La vida avanza. El tiempo pasa y no vuelve. Los años se suman. El cuerpo revela los golpes y se resiente debido a los ritmos a que fue sometido por tantos años. Esto no me ocurrió en otros momentos de mi vida. Ni en mi niñez, mi adolescencia, ni mucho menos en esos increíbles y tempranos días de juventud. Para nada. Lo experimento ahora que ya soy «grande». Y lo que me sucede tiene forma y olor a nostalgia.

La *nostalgia*, según definen los que saben, es esa «tristeza melancólica producida por el recuerdo de un bien perdido». Y en eso consiste la vida: en perder y ganar. Tomar y dejar. Saber e ignorar. Así son las cosas y no se puede hacer absolutamente nada. Ni mejorar ni empeorar. Ni para bien ni para mal.

Sin embargo, eso es lo que siento, y todo intento de explicarlo se convierte en una misión casi imposible. Quisiera mejorar lo que hice mal, pero no puedo. Quisiera revivir lo vivido para hacerlo mejor, pero no puedo. Desearía y pagaría lo que no tengo para inaugurar el túnel del tiempo y de ese modo lograr vivir de nuevo esos años que no olvido, pero no puedo.

No poder hacer nada con respecto a lo que ya pasó me produce una mezcla de desazón, impotencia e inspiración. Y también una cosa más: nostalgia por esos maravillosos e irrepetibles momentos tan únicos y absolutamente míos. Estoy un poco más viejo, pero también creo que soy un poco más sabio.

La sabiduría. Algunos no muy versados como yo en materia de vivir la vida nos hemos dado cuenta de que la sabiduría sobreviene también como resultado de comparar ciertas cosas. De eso padezco ahora. Hay una invasión de recuerdos que no cesan de producir en mi alma muchos espasmos comparativos.

¿Quién era? ¿Dónde nací? ¿Quiénes eran mis padres? ¿Quiénes eran mis hermanos? ¿Cómo era mi casa? ¿Dónde estaba mi barrio? ¿Quiénes eran mis amigos allí? ¿Cómo se llamaba mi primer perro? ¿Cuáles eran esos juegos que practicábamos en aquellos años que añoro? ¿Cuáles eran mis sueños siendo un niño todavía? Comparar y comparar, necesito comparar. Luego de tantos años vividos, ten por seguro que a cada pregunta hecha ya le ido construyendo sus respuestas.

Ahora bien. Lo maravilloso de respirar y masticar mis nostalgias es que mis conclusiones no son ni complicadas ni misteriosas. Resultan simples y, por supuesto, emocionantes y claras: soy grande, pero en cierta medida sigo siendo aquel niño flaco e introvertido.

La vieja casa en la que me crie aún mantiene sus olores en mi alma. El fiel perro de la familia sigue ladrando en mi memoria como lo hacía desde el patio del fondo de casa. Los amigos del barrio continúan allá, donde dejamos de vernos por última vez para volar cada uno a su destino, permaneciendo vivos en mis retinas y haciendo cada uno algo que lo volvió inolvidable. Mi padre sigue llegando a casa a las dos quince de la tarde, luego de su jornada en la carpintería, y mi madre sigue preparando sus comidas únicas, con mucho aceite.

Comparo y no dejo de comparar y me percato de que aunque estoy literalmente a miles de kilómetros del pueblo en el que nací y las calles en las que jugué, mi corazón continúa latiendo por las experiencias que me tocaron vivir en mis primeros años de vida.

¡Qué diferente sabe el ejercicio de comparar ahora que tengo los años que tengo! Hay poco o nada de aquella envidia adolescente que me hacía desear ser mejor que un compañero de la escuela.

Nada de aquella bronca al no entender por qué unos vivían en mansiones y yo en una casa impregnada de humedad y esos olores típicos de cosas viejas.

Y es que llega un momento en el que comparar no puede seguir siendo un ejercicio útil solo para avivar polémicas, aumentar distancias y mostrarles a los perdedores mis omnipotentes e increíbles habilidades. Alguna vez la comparación debe tener el gusto de un buen lamento, por lo que un bocado de ella debiera saber a reflexión adulta, lección aprendida, enseñanza consolidada, testimonio para legar a las generaciones que vendrán después de nosotros.

Así que no está mal recordar, por lo menos a mis años se vuelve vital y necesario. Cuando lo hago, de una forma que no entiendo, pero disfruto, mi pasado se une a mi presente, y el resultado es un grito y un desesperado pedido: «No pierdas el tiempo pensando que tienes mucho tiempo. La vida es más corta de lo que nos dijeron y no es tan larga como deseamos. Además, la vida no consiste en amontonar objetos de valor ni bienes al por mayor, sino en amontonar multitud de recuerdos irremplazables e inolvidables al lado de los seres queridos».

Siento nostalgia por recordar:

- Como corría... para poder valorar los lentos y seguros pasos que doy ahora.
- Como vivía sin tantos horarios y presiones... para no convertirme en una máquina que solo cumple y cumple.
- Como disfrutaba y reía con mis amigos... para no tener que cuidarme de cada uno que se me acerca y no poder abrir mi corazón con toda confianza.
- Como celebrábamos estar en familia y usábamos cualquier excusa para reunirnos todos de nuevo... para que no haya una razón más importante que justifique estar con ellos que la bendición de tenerlos y disfrutarlos cuando tienen vida.

- Como se trabajaba y se mostraba honestidad, fidelidad y respeto... para ser un hombre de bien no por los bienes obtenidos, sino por el bien impreso y visible en cada uno de todos mis actos.

Dios quiera que algún día mis hijos comparen su presente con estos días. Y que conste, esta es una de las razones por las que escribo. Los libros son cápsulas del tiempo. Así que escribo porque quiero que mis tataranietos sepan para qué viví y por qué cosas estaba dispuesto a morir.

Y si otros quieren leer mis libros mientras estoy vivo, mucho mejor. Pero escribo para la tercera y la cuarta generación, porque a veces el verdadero destino no es revelado sino hasta después de la muerte, y nuestra mayor influencia podría ser póstuma.

CAPÍTULO 37

«RÍE CHINITO»

Voy a narrarte una historia. Evocarla me causa escalofríos, aunque no se trata de un relato de terror ni mucho menos. Más bien es todo lo contrario.

Sus protagonistas son tres mujeres. Dos de ellas, Bárbara y Patricia, eran muy amigas entre sí. La tercera, Martina, era amiga de Bárbara solamente.

Bárbara es guitarrista y cantante, y le daba clases de canto a Patricia. Ellas se conocieron básicamente en un grupo musical que Bárbara organizó en el departamento de cultura de un distrito de cierta ciudad. Su vínculo de amistad se fue solidificando de manera más intensa, no solo a través de la música, sino a partir de que le detectaron a Patricia cáncer de pulmón.

Desde ese momento, Bárbara fue incondicional con su amiga en todo. La acompañaba, escuchaba y alentaba, compartiendo cientos de charlas y lágrimas mientras ella iba recibiendo los tratamientos respectivos para intentar combatir esa tenaz enfermedad.

El tiempo fue pasando y la relación se consolidaba, pero la salud de Patricia no. Ella iba de mal en peor. Tras varias internaciones, algunas de ellas domiciliarias, su salud iba decayendo. Los pronósticos no eran alentadores. Por su parte, Bárbara seguía ahí, acompañando a su amiga.

Una mañana, recibió una llamada de la hija de Patricia. La situación era irreversible. Patricia no podía hablar. Tan solo escuchaba. A su manera, había mandado a buscar a Bárbara. La quería allí. Su pedido consistía en que Bárbara fuera a cantarle una canción. Se trataba de un tema musical que disfrutaban interpretando juntas, el hit «Ríe chinito» de Perotá Chingó. Este dúo está integrado por Julia Ortiz y Lola Aguirre, dos chicas argentinas que casi sin querer generaron un éxito en Internet y las redes sociales que les abrió las puertas en todo el mundo.

Así que Bárbara fue a ver a su amiga y cumplió con su pedido, sabiendo que era lo último que iba a poder hacer por ella. Quizás hasta tenía la esperanza de que la música tuviera una fuerza más poderosa que cualquier medicamento o tratamiento que pudiera recibir. Al menos, ese era su íntimo deseo. Ella tomó su mano, y mientras entonaba dulcemente las estrofas veía como su amiga sonreía con sus ojos bajos, cansados.

Esa fue la última vez que Bárbara la vio. A los pocos días, Patricia partió. La lucha había terminado. Murió tranquila. Aquella mujer intensa, luchadora y aguerrida se había ido sabiendo que cumplió con su deber. Se fue en paz.

El tiempo pasó y Bárbara continuó con sus labores. Al cumplirse el mes del fallecimiento de Patricia, ella rememoró una de las tantas frases que su amiga le había dicho al despedirse. Era una frase fiel a su estilo: «Que no termine el año sin tu música». Así que Bárbara puso manos a la obra. O a la guitarra. Empezó a trabajar en la preparación de un show, un concierto de música íntimo, en un lugar también de esas mismas características, casi familiar. Sin embargo, no quiso hacerlo sola. Pensó que sería una buena idea invitar a alguien a compartir el escenario. Una propuesta diferente para todos aquellos que la acompañaban y seguían su carrera. Y una manera de estrechar puentes y vínculos con otros artistas.

Y aquí es donde entra en escena la otra protagonista, Martina, una amiga de Bárbara cantante y guitarrista. Ellas organizaron un concierto donde ambas participarían con sus canciones individuales y luego al final compartirían tres temas para cerrar la velada. Se reunieron a elegir las canciones y ensayar a fin de tener todo listo para el show. Y entonces llegó el día esperado. (Vale aclarar que Martina no tenía nada que ver con Patricia. Ni siquiera se conocían.) Los invitados, amigos y familiares fueron arribando al lugar. La hija de Patricia se encontraba en una mesa frente al escenario, dispuesta a disfrutar del show de la amiga de su madre.

Martina abrió el espectáculo y realizó la primera parte. Bárbara cantó a continuación el programa que había preparado. Luego llegó el momento de unir sus voces y cantar los tres temas a dúo que ya estaban elegidos y ensayados.

Por aquellas cosas inexplicables, Bárbara le preguntó a Martina, como para romper el hielo y amenizar el espectáculo, qué temas interpretarían, aunque ya sabían cuáles eran. La pregunta era más bien de compromiso, de transición, como cuando uno dice algo por decir. Lo realmente sorprendente fue lo que sobrevino después, la respuesta de Martina. Fuera de todo pronóstico, ella le respondió: «Cantemos "Ríe chinito"».

La cara de Bárbara lo dijo todo. Se transformó. Su primera reacción fue mirar hacia la mesa donde estaba la hija de Patricia. Ella había escuchado el comentario de Martina. Su rostro y sus ojos llorosos así lo delataban. Como pudo, Bárbara intentó sortear la situación, recomponerse, respirar hondo y seguir adelante con lo planificado. Por supuesto, no cantaron «Ríe chinito». Jamás pensaron hacerlo. En ningún momento ese tema estuvo en la lista de probabilidades ni había sido sugerido al menos. Nunca fue ensayado. Jamás en la vida lo habían interpretado juntas, y mucho menos Martina sabía lo que esa canción significaba para Bárbara y su amiga.

Esto dejó en claro que de alguna manera Patricia estaba presente en el show. En esa sala. Ahí con todos. Era como si le hubiese pedido a Dios la oportunidad de correr el telón de los cielos y que le permitiera presenciar el show de su amiga. Como si de alguna manera tuviera que avisarle que estaba ahí, acompañándola, y que no iba a perderse ese momento por nada del mundo. Ni de este mundo, ni del que está en el cielo.

Terminado el concierto, Martina comentó que no se explicaba (ni incluso puede hacerlo hoy) por qué propuso cantar ese tema. No le encuentra ninguna justificación. Asegura que esto brotó de la nada. Ella fue la vocera involuntaria para que Patricia avisara de su presencia.

Esta historia real, la cual sucedió así como te la narré, hace que surjan ciertas incógnitas: ¿Quién no tiene algún ser amado como Patricia? ¿Somos conscientes de que la vida no termina en la muerte y que Dios puede correr el telón de la eternidad si le place?

Los ausentes están presentes. Nadie que nos amó con el alma nos deja del todo solos.

(Mientras escribo está sonando «Ríe chinito».)

CAPÍTULO 38

NI AVE NI PEZ

Una de las muchas características del ser humano es siempre ir más allá de sus límites y posibilidades. Los motivos son infinitos: por curiosidad, por investigación, para colmar sus ansias de poder, tal vez por inquietud, vocación, en búsqueda de conocimientos o debido a su esencia, su naturaleza.

Este fenómeno tiene resultados de diversas índoles, según sea el criterio aplicado.

No obstante, todo este preámbulo es solo para introducirte en el tema del que quiero hablar. Al hombre no le alcanzó la tierra y su vida en ella. Fue en busca del espacio, del aire y del mundo submarino.

El hombre quiso volar como un ave, y lo hizo.

Siempre quiso imitar a los pájaros, aletear libremente y observar el mundo desde las alturas. Y al final lo consiguió. Cuando digo esto no me refiero únicamente a la creación de las naves espaciales o los aviones, avionetas, helicópteros y otros artefactos similares. Tampoco hago mención a volar con la imaginación, que es el mejor de todos los vuelos, pues uno puede llegar a lugares insospechados y vivir las más asombrosas aventuras sin moverse de su casa.

No. Hago alusión a las infinitas formas de surcar los aires como el parapente, el ultraligero, las mochilas propulsoras (*jet pack*), en globo, en paracaídas y la más arriesgada de todas, que es volar con un traje especial con alas, la cual vendría a ser como la versión más acabada de un ave por su grado de exposición y los elementos utilizados. Es en esas acrobacias donde el vuelo del ser humano se asemeja más al del ave.

Dicen que la sensación de volar es magnífica, única, ofreciendo un placer absoluto. Volar brinda una asociación indestructible con la libertad. Escuchamos el silbido del viento y percibimos sus caricias, que van trasladando por el aire nuestras ilusiones, nuestra rebeldía, nuestra ambición de ser. Experimentamos el poderío de la visión del mundo desde arriba, su infinita lejanía, la pequeñez del ser ante esa postal en movimiento.

Para quienes gusten de estas experiencias, representan el equilibrio entre la magia y la realidad. Por un instante, podemos volar como un ave.

El hombre quiso nadar como un pez, y lo hizo.

Siempre quiso imitar a los peces, nadar soberano e independiente y observar el mundo desde las profundidades más absolutas. Finalmente, como en el caso anterior, lo consiguió. Y no hablo de embarcaciones navieras, ni submarinos, ni medios de transporte marítimos. Hablo de hundirse en las profundidades del mar y poder bucear, nadar, confundirse entre millares de colegas con aletas y escamas de tantos tamaños y colores como especies habitan en los océanos.

Dicen que la sensación de sumergirse y explorar la vida acuática es magnífica, sublime, de un goce indescriptible. Es otra de las cosas que permite una alianza indeleble con la sensación de libertad. No hay sonido alguno, solo el burbujeo del aire que sale de la boca del buzo. Se experimenta un silencio total, sintiendo el cuerpo flotar, deslizarse en el ondulante ritmo marino, entre la imponencia imperecedera y eterna.

Como dije antes, para quienes valoren estas usanzas, establecen el equilibrio entre la fascinación y la sustancia, la esencia. Por un instante, podemos nadar como un pez.

Volar como un ave.

Nadar como un pez.

Lo que hace la diferencia es el término «como».

El ave es.

El pez es.

El hombre hace que es.

Pero no es.

Este es un hecho puntual, real, el corazón de la naturaleza. El hombre podrá volar por los cielos o hundirse en los océanos, pero nunca será un ave o un pez. Podrá asemejarse a ellos, pero nunca los será. Eso es algo que no está en su linaje, en su destino. Por más que insista, el hombre es hombre.

Y así mismo ocurre en la tierra, en la vida de todos los días. ¿Cuántas veces aparentamos ser lo que no somos? ¿Cuántas veces volamos o nadamos y nos olvidamos de nuestra misión, de nuestras raíces, de nuestra condición humana? ¿Cuántas veces dejamos a un lado nuestras aspiraciones y nos encontramos volando o nadando en mundos que no nos pertenecen? Se trata de un error conceptual muy común.

Así que intenta todo lo que te propongas, pero nunca dejes de ser lo que eres ni de hacer lo que has elegido, la tarea para la que te han enviado a este mundo, aquello para lo que fuiste creado.

Podrás volar como un ave o nadar como un pez, pero no eres ninguno de ellos.

Eres tú mismo.

CAPÍTULO 39

ENTRE INDIOS Y *COWBOYS*

(COLABORACIÓN DE ANDRÉS MIRANDA,
AUTOR URUGUAYO, CONFERENCISTA Y PERIODISTA.)

Durante varias noches casi no pude dormir esperando a que amaneciera otra vez. Ellos dormían debajo de mi cama, el lugar más seguro y cercano que les pude encontrar.

Eran como cien, entre indios y *cowboys*. Durante el día combatían en feroces batallas por la tierra, el control de los puentes, el agua del río y su propia supervivencia. En la noche habitaban juntos dentro del mismo fuerte, debajo de mi cama.

Todos los muertos y heridos amanecían sanos a la mañana siguiente. El nuevo día traía nuevos escondites, nuevos bosques y montañas, nuevas estrategias de combate. A veces ganaban los indios. Pluma Blanca nunca moría. En otras ocasiones ganaba el hombre blanco, ya que tenía el rifle y el revólver. La flecha solo ganaba cuando era más veloz que la bala. Eran días de mil argumentos e historias diferentes. Aquel fuerte lleno de soldaditos, indios y *cowboys* fue el mejor regalo del Día de Reyes que pude recibir.

A mis amigos les regalaban bicicletas. Yo los miraba desde lejos porque no sabía montarlas, ni tampoco sabía cuánto tenía que ganar un padre para comprarle una a su hijo. Algunos años después, es decir, cuando en el barrio ya todos tenían bicicleta, mis padres compraron una para todos nosotros, los ocho hermanos.

Era una bicicleta hermosa, color verde olivo y de marca. Por épocas se ponían de moda las bicicletas, o las pelotas de fútbol número cinco, o los carritos eléctricos con control remoto. No obstante, la primera pelota profesional que tuve me la compré yo mismo a los cuarenta años en Alemania, pocos meses antes del Mundial. La traje desinflada y la tuve guardada diez años hasta que nació mi primer nieto. Entonces la inflé y se la regalé cual preciada herencia.

A pesar de todo, no me quejo, pues tuve ametralladoras de madera, espadas, arcos y flechas. Jugué con tierra, me trepé a los árboles, me subí a los techos a fin de tener largas conversaciones con mis amigos los sábados en la tarde y, debo confesarlo, también para ver a la hija de mi vecino cuando salía al patio trasero de la casa de al lado.

Me considero afortunado, porque mi padre me enseñó a hacer aviones y barquitos de papel. Bastaba que llegaran las primeras lluvias de otoño para salir todos a la calle. Había que moverse rápido, hacer el barquito, y salir corriendo apenas paraba la lluvia para aprovechar los breves minutos en que el agua corría veloz por el borde de la calle rumbo al desagüe de la esquina. Soltábamos los barquitos en lo alto de la calle, los cuales navegaban rápido, solemnes y seguros hasta que se perdían en la inmensidad ancha y oscura de las bocas de tormenta. Por un rato y mientras el cielo se despejaba enseñando el arco iris, nos quedábamos conversando acerca del recorrido que harían nuestros barquitos por debajo de los canales de la ciudad en dirección a mares perdidos infectados de piratas y buscadores de tesoros.

Los barquitos de papel nunca regresan, porque en los puertos donde encallan los transforman en las hojas de los libros que estudian los niños en las escuelas de otros países.

Sin darnos cuenta el tiempo pasó. Todo cambió cuando algunos de mis amigos empezaron a subir a los autobuses a vender golosinas para hacer dinero y comprarse otras cosas como ropa, un *walkman* o unos lentes de sol. Mis indios y *cowboys* se empezaron a fugar no sé cuándo ni hacia dónde. Quizá se marcharon ofendidos, porque el fuerte se fue rompiendo y nunca lo reparé. Quizás encontraron la ruta de los barquitos de papel, organizaron un éxodo masivo y se fueron a otros mundos, con otros niños, a continuar sus viejas disputas y aventuras sin fin.

Algunas tardes el niño que fui busca entre iPads y celulares las memorias antiguas. Se pierde entre el olor de la tierra mojada, de la caja de veinticuatro crayones, y del sándwich envuelto en papel en el fondo de la mochila de cuero llena de cuadernos y libros con las puntas de la hojas dobladas.

Entonces el niño que fui regresa a mí sonriente, con nuevas historias viejas que me recuerdan que no todo fue en vano, que la pasamos bien y que incluso sin iPads y celulares fuimos creativos, solidarios y libres.

CAPÍTULO 40

DOÑA ENVIDIA ANDA SUELTA

¡Qué días tan inolvidables fueron esos que transcurrieron allá por la década del setenta! Eran mis años de adolescencia, y precisamente en ellos se marcaron a fuego los más importantes elementos de la amistad. Por otro lado, pertenecía a esa generación que quizás por no tener ni una muestra de las tecnologías actuales (tales como celulares, DVDs, iPods, Internet y otros cientos de recursos increíbles y cautivantes), privilegió y utilizó los que tenía a su alcance para aquella época.

Lo llamativo y esencial de aquellas relaciones eran inequívocamente la transparencia en nuestra manera de interactuar, el orgullo de pertenecer a un barrio, y la inmediata y mutua defensa que nos dispensábamos cuando la integridad física de alguno de los que formaban parte del grupo se veía amenazada. No obstante, si algo se valoraba y defendía, era la virtud de no traicionar la amistad en ningún momento. La traición y la competencia entre nosotros mismos no aparecían en nuestro catálogo de cosas para hacer como amigos.

Incluso hoy, pisando ya los cincuenta, cuando la mayoría de aquellos adolescentes nos cruzamos por alguna calle del pueblo o de la vida, solo tenemos deseos de sentir y demostrar alegría por el reencuentro. A ninguno se nos cruza por la cabeza eso de envidiar al que ha llegado más lejos, ni mucho menos de alardear perversamente sobre nuestro éxito frente a aquel al que no le haya ido bien en sus cosas. Solo hay abrazos, apretones de manos, sonrisas y un profundo regocijo por el solo hecho de volver a vernos. Los amigos del barrio fueron relaciones que me hicieron bien.

Si algo resulta indiscutible y a todas luces reconocido por gran parte de la raza humana es que nuestra sociedad resulta altamente competitiva. Vivimos en medio de una sociedad diseñada para rivalizar en competencias eternas y muchas veces estúpidas. Competir es lo común y cooperar resulta la excepción. Tristemente, lo natural es que uno quiera ganarle al otro, y lo extraño es que alguien quiera colaborar con otra persona.

En las Sagradas Escrituras se describe con asombrosa certeza la conducta o reacción de un mortal ante el éxito de otro ser humano: «He visto asimismo que todo trabajo y excelencia de obras despierta la envidia del hombre contra su prójimo» (Eclesiastés 4.4).

El logro de uno puede causar envidia en otro, así que mientras algunos admiran, otros envidian. Esto también implica suspirar de mala gana por el logro y el éxito del otro. Expresándolo de otro modo, la envidia consiste en desear de manera insoportable lo que alcanzó alguien más. Sin embargo, bajo ningún punto de vista hay beneficio alguno en el acto de envidiar. Ninguno. La envidia es precisamente el combustible ideal que mantiene con vida el fenómeno de la contienda, ya que un logro nunca será suficiente si existe otro que haya obtenido, alcanzado o ganado más.

Por lo tanto, el acto de sentir envidia no hace otra cosa que denunciar un problema en el corazón mismo del que la sufre. Algo así como una identidad plagada de inseguridades, que hace que una persona necesite estar a la altura de otra para poder *ser* y principalmente para poder *trascender*.

La envidia tiene el poder de animar al que la sufre a ser como aquella persona que es objeto de envidia, eliminando en el proceso la bendición de ser uno mismo. La envidia es un atentado contra la originalidad, ya que lo importante en el proceso solo es ser, tener y poseer, pero la referencia nunca es la persona misma, sino el prójimo, el otro que logró lo que uno no ha alcanzado.

Nada es más triste, desconsolador y deprimente que envidiar, por eso tal acto nunca se puede definir en términos positivos. No hay algo así como «envidias santas o sanas». Solo existe la envidia como tal, que no es más que un profundo sentimiento de frustración surgido de la comparación inconveniente entre el que no logra ciertas cosas y el que sí las logró.

En todo caso, lo que sí existe es la admiración. Deberíamos darle más lugar a la admiración, porque ella es principalmente el disfrute del asombro. Y asombro es lo que también produce el logro del otro. *Admirar o mirar para asombrarse*, eso siempre resulta más beneficioso. Mejor es admirar que envidiar, y mejor es maravillarse con buena intención y por justa razón. La admiración produce en mí el deseo de saber, la necesidad de preguntar, y estas cosas van de la mano con mi deseo de reconocer. Admirar es asombrarse y también reconocer. Reconocer el esfuerzo y por extensión también el éxito de otra persona. De eso se trata la admiración, de reconocer el éxito, el logro, y a la vez de querer saber cómo hizo lo que hizo aquel mortal al que se admira.

Puedes comportarte de tres maneras con el que tiene éxito: envidiarlo, admirarlo o preguntarle cómo lo alcanzó. Cuando *doña envidia* anda suelta, ella se encarga de convocar a la *señora competencia*, y juntas son *dinamita*. ¿Por qué? Porque la competencia tiene un enemigo a vencer, una persona u organización a la que hay que ganarle. Así que no puede haber contemplaciones. Si alguien trasciende más, logra más, vende más y gana más, condena con su éxito al contrincante a nadar en pérdidas y ser un fracasado obligado a vivir bajo su sombra... y eso no es nada simpático que digamos.

La mejor de las muestras de este fenómeno, que raya con la depredación y el salvajismo sin ley, aparece en el mundo de la televisión con el famoso *rating* o índice de audiencia, que no es más que una competencia en su más pura expresión y su más denigrante motivación. La embriagante idea de ser el canal más visto, la programación más disfrutada, y de quedar a la cabeza en cuanto a cantidad de espectadores pegados a la señal televisiva, habilita para toda clase de prácticas, ocurrencias y programaciones.

El grave inconveniente de esta patología consiste en el triste hecho de que sin importar lo que se exhibe y se practica —con el consiguiente desprecio en el proceso de los principios más básicos de la ética, la moral, el respeto y las buenas costumbres— se justifican ciertas conductas que siempre quedarán ocultas bajo la necesidad de ser el primero cueste lo que cueste, caiga quien caiga, y hágase lo que se haga. Se trata de una metodología ideal en la que el espíritu competitivo, no solidario y destructivo del ser humano se muestra en todo su esplendor. Por lo general, entonces, el que envidia compite y el envidiado ni se entera.

Lo duro, frío y triste de una competencia es que no existe tal cosa como la *cooperación*. ¿Por qué? ¡Pues porque se trata de una competencia! En realidad, quien tiene en medio de una competencia la solidaria idea de cooperar con otro competidor sabe que tal acción lo hará retrasarse en su carrera, o en el peor de los casos perderla. Por eso, cuando un competidor se va a la quiebra, el que prevalece no llora, no hace duelo y mucho menos ofrece una ayuda concreta para que supere la crisis. La derrota o el abandono de la competencia nunca producirán sentimientos de tristeza genuinos y legítimos en el que se mantiene en ella, sino todo lo contrario. En el mejor de los casos, provocarán ciertos gestos que manifestarán una congoja demasiado superficial, la cual se extenderá por unos cuantos minutos, pero acto seguido una sensación de bienestar y placer se instalará en el corazón del que permanece en la carrera.

El vencedor volverá a casa o a sus oficinas y, encerrado en ese ambiente de satisfacción y supuesto triunfo, celebrará con el mejor champagne el hecho de que el otro competidor haya quedado en el camino y todo se le ofrezca sin obstáculos para que lo tome. ¿Por qué? Porque la tesis de vida del que compite se resume en la frase: *Todo para mí, nada para todos.*

Un planeta que tiene recursos para todos en sus entrañas y cuya superficie ofrece lugar para cada ser humano muestra con horror sus interminables hemorragias de injusticia, hambre, dolor y vergüenza. Es un espectáculo que hipócritamente se viste de solidaridad, pero muestra una y otra vez cómo *unos pocos* se van quedando con todo, sin importarles cuánto les falta a *muchos*.

Hablar y reflexionar acerca de estos asuntos finalmente constituye un excelente ejercicio para radiografiar nuestras más íntimas motivaciones. Competir o cooperar. Experimentar un placer que se esconde en cortos actos de falsa tristeza sin mover un dedo para auxiliar al que quebró, o una tristeza real que empuja a ser solidario frente a la difícil situación de ver que a otro no le ha ido bien.

Competir o cooperar, estimado lector, también es fruto de una decisión de vida.

CAPÍTULO 41

CICATRICES

Mi primer contacto con la sangre tuvo lugar un mediodía de primavera a la salida del colegio. Tenía siete años. Hasta ese momento sabía que la sangre era algo que recorría el cuerpo humano a través de las venas y arterias. Y que era necesaria para la vida. Poco más o menos. Eso era suficiente. Sin embargo, ese día el destino cambiaría mi visión sobre el asunto tal vez para siempre.

En el aula no había sucedido nada trascendente o al menos digno de recordar una vez pasado el tiempo. Pero apenas salí del colegio y vi el bus que llevaba a algunos de mis compañeros a sus hogares, supe que esa mañana algo malo había sucedido. El chofer estaba hablando con alguien de una pelea. Dos chicos más grandes se habían «agarrado a trompadas» en el fondo del autobús, durante el traslado a un club ubicado a unas cuadras de la escuela para la clase de gimnasia. Así que respondiendo al pedido de uno de mis amigos de entonces que dijo: «Vamos a ver qué pasó», subí y caminé por el pasillo del autobús hacia el lugar del hecho.

Hasta ese día solo había visto peleas en las películas o series de televisión. Me daba curiosidad y a la vez me apasionaba la posibilidad de estar en el escenario de una pelea real. Quería comprobar si había quedado algún vestigio del enfrentamiento, que en mi mente de ese entonces imaginaba épico y colosal. Y lo encontré.

No había restos de útiles diseminados por el piso ni asientos rotos. Mucho menos vidrios astillados. Pero ahí estaba. Y me quedé petrificado al observarla. Sobre el tapizado verde de cuero se recortaba claramente una gota de sangre. Solo una. Roja, densa y perfectamente redonda. Seguramente caída de una nariz magullada. Esa imagen inquietante me persiguió durante meses. De manera casual había descubierto que la sangre no solo viajaba por las venas y arterias. También podía ser derramada. Y tomar conciencia de eso me resultaba demasiado perturbador. Tal vez allí haya nacido mi vocación por resolver los conflictos y las diferencias mediante el diálogo. O quizás eso sea algo innato, nunca lo sabré.

Lo que sí supe a los siete años es que prefería tener mi sangre recorriendo mi cuerpo por dentro, y no decorando el tapizado del autobús escolar.

Los años pasaron. Y una tarde inesperadamente volví a experimentar otro contacto con la sangre. Estaba entrando en la adolescencia, pero no tenía el menor interés en quemar etapas. Por aquellos tiempos no existía apuro por hacerse grande. Al contrario, queríamos prolongar lo más posible la infancia a fin de seguir jugando sin preocupaciones. Ya habría tiempo para asumir responsabilidades cuando llegara el momento. Así éramos de niños. Y suena lógico, ¿no?

Recuerdo que en esa época estaban de moda unos automóviles de juguete marca Duravit. Eran réplicas exactas de los autos de la época, pero del tamaño de una caja de zapatos. Se construían con goma negra muy resistente, y luego se pintaban de colores llamativos. La estrategia de ventas de esos automóviles era que, como su nombre lo indicaba, duraban toda la vida. Resultaban indestructibles. ¿Y qué niño no iba a pedirles a sus padres un juguete eterno? Eran autos lindos, novedosos y no tenían fecha de vencimiento. Nada podía fallar.

Sin embargo, algo falló.

Nunca supimos quién ni cómo, pero alguien rompió uno de aquellos juguetes «irrompibles». Probablemente ese alguien desconfiaba del eslogan publicitario y quiso demostrar que esos autos no eran realmente indestructibles. Confirmó su teoría, pero se guardó el secreto tal vez para no ser reprendido.

Lo cierto es que un día descubrimos que a uno de los automóviles Duravit le faltaba un trozo. Aún conservaba las cuatro ruedas y servía para seguir jugando, pero de alguna manera había perdido la mitad de su parte delantera y dejaba al descubierto el color negro profundo de la goma. Así comprobamos que bien podía ser eterno, pero de ningún modo indestructible.

A esta altura del relato, te preguntarás qué tiene que ver este juguete roto con la sangre. Aquí viene la relación.

Una tarde, jugando en casa con los autos Duravit, mi mejor amigo tropezó y cayó de cabeza justo sobre el juguete mutilado. No fue un golpe fuerte ni mucho menos, pero al incorporarse tenía el rostro completamente bañado en sangre. Parecía una escena salida de la película *Carrie*. Quedé paralizado de terror.

Ya no se trataba de una inquietante gota de sangre en el asiento de un autobús escolar, sino del rostro de mi mejor amigo que estaba irreconocible debido a una hemorragia increíble. Nunca había visto algo así. Temí que pudiera quedar desfigurado de por vida. O que muriera desangrado en cuestión de minutos.

Nuestros gritos desesperados alertaron a mis padres, que acudieron presurosos a ver qué sucedía. La primera reacción de mi padre al encontrarse con esa dantesca escena fue agarrarse la cabeza con las manos y exclamar: «¡Qué desgracia!». Mucho más diligente, mi madre llevó a mi amigo de un brazo hasta el baño y le lavó el rostro con movimientos rápidos y firmes.

Resulta imposible describir el alivio general al observar que sus rasgos estaban intactos. La sangre le brotaba a borbotones solo de un pequeño corte de un centímetro justo en medio de la frente. La rotura del auto de juguete, dejando un borde irregular y filoso, había provocado el accidente casero. Luego mi madre le limpió y desinfectó la herida, logrando que pronto dejara de sangrar. Por su parte, el auto roto culpable del incidente fue a parar a la basura. Y los que estaban sanos también, por las dudas. Así que me quedaré por siempre sin saber si eran eternos.

Como recuerdo de esa tarde a mi amigo le quedó una línea blanca casi imperceptible en la frente. Para percibirla hay que saber que está ahí. Por lo tanto, yo soy el único que la ve. Y a mí me quedó la sensación de que el peligro está siempre ahí, acechando. Supe que un descuido puede transformar la alegría en tragedia en una fracción de segundo. Después de aquel día ya nunca fui el mismo, tomando conciencia del peligro latente que hasta las cosas más insignificantes representan.

Hoy me encuentro con mi amigo y nos reímos juntos de aquella anécdota. No obstante, desde aquel día mi relación con la sangre cambió para siempre. Prefiero mirar para otro lado cuando me extraen sangre para un chequeo de rutina y trato de que otro se ocupe de las primeras curaciones en caso de un accidente doméstico.

Solo observo la sangre cuando no tengo otra opción. Y aunque ante una emergencia actúo con diligencia como en aquella ocasión lo hizo mi madre, cada vez que veo sangre no puedo evitar que la expresión desencajada de mi padre venga a mi mente. Más por lo que podía haber ocurrido que por lo que realmente ocurrió.

La sangre brota, las heridas cierran y las cicatrices quedan. Debemos aprender de ellas, porque están allí para decirnos todo sin hablar.

CAPÍTULO 42

FESTEJOS MÍNIMOS

Existe una tendencia en todo el mundo, y es la de celebrar los grandes logros y despreciar los más pequeños que se obtienen durante el proceso. Como si solo lo *grande* justificara la celebración y lo *pequeño* el desprecio y el olvido. Por ejemplo, hay quienes no celebran tener una bicicleta, pues dicen que lo harán cuando hayan adquirido un automóvil. Peligrosa costumbre es esta, y muy riesgosa a todas luces.

Esto es así porque tal tendencia hará que nos enfoquemos de manera tan exclusiva en el alcance de un gran objetivo o logro, que olvidaremos neciamente esa ley que se evidencia por todos los confines de la tierra y sostiene que *para alcanzar lo grande debe primero obtenerse lo pequeño*. Un gran plato de comida se come poco a poco. Cucharadas de pequeñas porciones, una tras otra, terminarán indefectiblemente con todo lo que está en ese plato. Poco a poco se llega a lo mucho. Primero se aprende a conducir bicicletas, más tarde motocicletas, luego automóviles y si se quiere, finalmente se aprende a pilotear aviones. Siempre lo menor, lo pequeño, aparecerá como primer desafío. Y siempre su valoración y superación me habilitará para los desafíos y logros mayores.

Los médicos no nacen como médicos, ni los arquitectos como arquitectos, ni los astronautas como astronautas. En todos los casos, siempre deberán primero aprobar los primeros años de enseñanza convencional. Luego superar la enseñanza terciaria específica, la cual una vez superada pondrá en sus manos el certificado que los habilitará para ejercer sus respectivas profesiones.

Pudiera llenar páginas y páginas de este libro solo con ejemplos que respaldan este principio. Primero debemos conquistar lo pequeño, y luego estaremos listos para enfrentar lo grande. Si esto es verdad —y sostengo que lo es— entonces será necesario revisar nuestra actitud frente a ese fenómeno. Yo razono y me digo: si cada pequeña conquista me acerca cada vez más a la meta tan soñada, celebraré entonces cada pequeña conquista como si fuera la meta final que añoro alcanzar.

No esperes a gritar solo cuando te gradúes de médico, grita cuando apruebes cada una de tus materias, ya que solo por esa pequeña celebración te verás más cerca de lograr lo que te propones. ¿Cuál es la idea entonces? Aprender a valorar los pequeños triunfos del proceso de producir resultados por más pequeños o insignificantes que estos parezcan. No desestimes el logro pequeño, transfórmalo en una excusa para hacer una celebración. Si tu actitud y decisión es mirar el lado bueno de la vida, entonces más que nunca se justificará que celebres tus logros aunque sean pequeños o insignificantes.

Aquellos que celebran sus pequeños logros valoran el enorme esfuerzo invertido en cada momento de la construcción de sus sueños. Los que celebran sus pequeñas conquistas saben que nada es regalado. Comprenden que todo es posible, pero que lo posible hay que facilitarlo. Saben que hay que pagar precios en silencio. Son los precios del sacrificio, las restricciones, las resignaciones y las limitaciones. Nadie sabe de eso, solo el que participa del proceso.

Siendo así, si todo cuesta tanto, si todo demanda tanto, si llegar cuesta tanto aunque se pueda, si lograr algo exige, demanda y apremia, entonces hay que hacer una fiesta por cada conquista que se alcance. Por ejemplo, celebramos cada vez que cumplimos un nuevo año. Eso no está mal y casi todo el mundo lo hace. Sin embargo, ha sucedido que ciertas circunstancias crueles se confabulan y aparecen todas juntas el mismo día del festejo, causando que miles de personas a esta altura de la vida hayan dicho: «No estoy de ánimo para celebrar un nuevo año». ¡Luego de todo un año esperando para reunir a los familiares y amigos, la fiesta se suspende por una circunstancia no esperada!

De modo que propongo que si cumplimos un mes de nueva vida, le demos a ese día otro carácter. Básicamente la idea consiste en darle a lo rutinario y cotidiano categoría de celebración, sin necesidad de incurrir en cuantiosos gastos para llevar a cabo fiestas monstruosas.

¿Tu hijo obtuvo buena puntuación y aprobó una materia? Dale al almuerzo de ese día un carácter de celebración, aunque solo coman huevos y arroz. Luego invita a los tuyos a levantar sus vasos, aunque no sea más que con jugo de naranja barato, y brinden diciendo: «¡Nos comemos este arroz y estos huevos en honor a nuestro hijo que ha aprobado una materia más! ¡Brindamos porque cada vez está más cerca de lo que se propuso ser!».

No tienes que andar de fiesta en fiesta por la vida, pero sí puedes hacer de la vida una fiesta si solo tomas la decisión de celebrar tus pequeños logros con tu familia y amigos, dándole a lo rutinario una nueva distinción.

Después de todo, tienes que bailar mientras dure la música.

CAPÍTULO 43

RECORDANDO RECUERDOS

Hoy me puse a pensar en lo importante que es recordar. Los recuerdos forman parte de nuestra vida. Y vale la pena apartar un tiempo para evocarlos.

Así que me senté en el cómodo y mullido sofá de la cabaña y dediqué unos minutos a recordar. Y lo hice.

Dejé que las imágenes que tenía dentro de mí —esos momentos felices y otros no tanto que formaron parte de mi vida— vinieran a mi mente y a mi corazón. No traté de ordenarlas cronológicamente, sino dejé que aparecieran de manera aleatoria, caprichosamente, como a mi memoria se le antojara sacarlas a relucir.

Muchas veces este mecanismo de recordar había sido resultado de un encuentro entre amigos o con la familia. Sin embargo, hoy fui yo el que lo buscó.

«¿Y recordar qué?», puedes preguntarte. Pues verás, hay muchas cosas que recordar. Algunos se arriesgan a afirmar que no se puede vivir *de* recuerdos. Y yo les digo que no se puede vivir *sin* recuerdos.

Aquel que no tiene recuerdos no tuvo vida. Claro que sería imposible vivir si uno recordara absolutamente todo. El secreto está en saber elegir lo que uno debe olvidar y lo que debe recordar. Gracias a Dios, nuestra mente tiende a compensar. Si de pronto nuestro ánimo se ensombrece por un recuerdo no deseado, de inmediato surge la imagen de una maravillosa experiencia vivida en tiempos mejores.

Muchos poetas y escritores dieron su punto de vista al respecto. «Conservar algo que me ayude a recordarte, sería admitir que te puedo olvidar», decía nada menos que William Shakespeare, el genial escritor británico, sobre la importancia de los hechos del pasado. Paul Géraldy, poeta y dramaturgo francés, sostenía que «llegará un día en que nuestros recuerdos serán nuestra riqueza». Ya lo creo. Marco Valerio Marcial, un poeta latino, afirmó: «Poder disfrutar de los recuerdos de la vida es vivir dos veces». Eso es sabiduría en estado puro.

Y por último, entre tantos pensamientos, Jean Paul, un escritor alemán señaló: «El recuerdo es el único paraíso del cual no podemos ser expulsados». Así es. Ese mágico archivo de imágenes, sonidos, olores y sensaciones que habita en un rincón de nuestro cerebro es un refugio inexpugnable. Por eso elegimos con tanto cuidado con quiénes compartirlo.

¿Quién no recuerda el nacimiento de sus hijos?

¿Y el primer beso mal dado?

¿Y la fiesta de graduación?

¿Y la voz de un ser querido que ya no está?

¿Y la primera vez que vio el mar?

¿Y los recuerdos en boca de sus padres de sus travesuras de niño?

¿Y las anécdotas con los amigos de la escuela?

¿Recuerdas tu primer día de clases?

¿El uniforme?

¿El nombre de alguna maestra?

¿Y tu primer trabajo?

¿Quién no recuerda la partida de un ser entrañable?

¿Y aquella casa de la infancia, aquel barrio que ya no está?

¿Quién no recuerda su primera mascota?

¿Y aquel regalo tan preciado? ¿Una pelota, una bicicleta o aquella muñeca?

¿Cómo no recordar esa vez que alcanzamos la cima de una montaña y nos quedamos contemplando la inmensidad mientras escuchábamos el silbido del viento?

¿Quién no recuerda?

Todos tenemos recuerdos que mantener presentes.

Y así fui pasando el tiempo en mi cabaña. Dejándome llevar. Y terminé fundiéndome en el recuerdo. ¡Qué importante es recordar! Y compartirlo. Solo eso.

Recordar es no olvidar. Y de eso se trata. Es volver a vivir. Y acercarse a la vida eterna. Porque algún día nosotros también seremos un recuerdo.

CAPÍTULO 44

CUENTOS PARA DORMIR

«Había una vez...».

Así comienzan todos los cuentos infantiles, y también de ese modo comenzaba todas las noches el ritual hogareño antes de irme a dormir. Cuando niño, esto era una ceremonia impostergable. El momento en que a la noche la madre o el padre les leían un cuento a sus hijos representaba un hecho mágico, deseado, absolutamente imperioso y recomendable para el buen descanso y el sueño de los chicos.

Esos eran tiempos en que el televisor ocupaba su lugar en la sala. Y si el presupuesto alcanzaba, podía llegar a haber otro en el comedor, aunque no era lo común. Los aparatos de gran porte, con imágenes en blanco y negro, nunca formaban parte del mobiliario de las habitaciones. No se veía televisión antes de dormir. Entre otras cuestiones, no era recomendable para el buen descanso que los niños se durmieran mirando televisión.

Aún hoy se mantienen vigentes tales sugerencias. Aunque está claro que la vida moderna no se ha acoplado a tales consejos. Hoy los plasmas de alta definición invaden todos los ambientes y los cuentos han quedado arrinconados en la nostalgia, en el fondo del olvido.

Sin embargo, en la época de mi niñez, la condición para que uno aceptara acostarse y cerrar los ojos era que te leyeran un cuento. Mi madre optaba por leerme los clásicos o alguna novedad literaria que hubiera llegado a sus oídos. Las madres estaban atentas y se encargaban de proporcionar los libros, ya que existía un deseo de estimular la lectura y un convencimiento de sus beneficios. Eso hacía que hubiera un intercambio continuo de libros y cuentos con las bibliotecas, familiares y amistades, así como recomendaciones para comprar en las librerías.

Yo tenía un estante donde se apilaban numerosos ejemplares. Me acuerdo de la saga del Príncipe Valiente, por citar un caso. Con luz tenue y envuelto entre sábanas y cobijas, uno seguía atentamente los sucesos y en su cabeza se iban engranando las imágenes y los sueños, hasta que el cansancio te vencía, ayudado por la voz materna que poco a poco iba mansamente atenuando su volumen en concordancia con el pestañeo de los párpados rendidos, que luchaban por mantenerse alzados. La mayor parte de las veces los cuentos quedaban sin terminar, retomándose o empezándolos de nuevo al día siguiente.

Muchas veces el cansancio lo tenía mi pobre madre. En ocasiones insinuaba que a la noche no habría cuento, sino que iría a dormir directamente. No señor. Eso era innegociable. La única vez que no quedaba otra que acatar sin reproches la orden era cuando se debía a un castigo por alguna travesura. Si no, tenía que haber cuento.

Mi padre también era protagonista del prólogo de mi sueño. Pero no siempre. No sé por qué, pero el cansancio de los hombres en la noche luego de una extensa jornada siempre era más extremo que el de las mujeres. Así estaba estipulado, aunque no necesariamente fuera cierto. No obstante, las costumbres sociales de la época lo establecían de ese modo. Los hombres trabajaban afuera y eran el sostén económico del hogar. Las mujeres se encargaban de las tareas domésticas y los hijos. Punto. No resultaba común que el jefe de la casa compartiera ciertas tareas familiares históricamente destinadas a las madres. Y al no ser algo habitual, tenían el aval para excusarse y hacerse los desentendidos. Ese sistema cambió con el tiempo, por suerte. Terminó siendo más equitativo, pues el cansancio siempre fue mutuo. Ambos cumplían (y cumplen) con muchas tareas y desde muy temprano hasta muy tarde. Eso es algo que entendí ya siendo grande.

Por eso, cuando intentaba convencer a mi padre (o mi madre se lo suplicaba) y él aceptada la propuesta, irse a dormir era una fiesta, como todo lo que hacían los padres antes. Si te preparaban la comida o se encargaban del baño, el recinto quedaba que parecía una batalla campal. Lo mismo cuando venían a saludar y se quedaban contando sus cuentos. Era una fiesta.

La diferencia radicaba en que mi padre prefería inventar los cuentos él mismo. Y también la narración se hacía a oscuras. Al no tener que leer, podía relatar en la oscuridad, con todo lo que ese dramatismo le otorgaba a sus historias. Por otra parte, sus cuentos resultaban fascinantes, disparatados y fantásticos en todo sentido. Incluso, muchas veces optaba por contarme versiones de cuentos infantiles clásicos, pero con adaptaciones muy particulares, las cuales hasta se permitían algún término no apropiado. Era un código entre nosotros, sin que mi madre se enterara.

También en ocasiones el cuento era sustituido por la música. Yo aceptaba el convite, pues era una manera de tenerlo cerca antes de dormir. Mi padre solía canturrearme alguna canción. No canciones de niños, no. Sus temas preferidos eran los boleros de Armando Manzanero, y mientras cantaba acariciaba mi sien, mi pelo y la zona entre los ojos donde nace la nariz. Iba recorriendo toda esa región pacíficamente con su dedo índice mientras musicalizaba el momento.

En ambos casos, con mi madre o mi padre, uno dormía en paz. Sentía que ingresaba a un mundo irreal, donde todo era posible. Justamente de eso se trataba. De poder soñar y que fueran nuestros padres quienes propiciaran ese momento maravilloso.

Recuerdo con mucha nostalgia y gratitud, con felicidad plena, los cuentos y las historias que me narraban antes de irme a dormir. Confieso que no pude establecer el mismo hábito con mis hijos.

Los tiempos cambiaron, la tecnología minó el terreno y redujo las oportunidades, cedimos a la vida moderna, y la lectura pasó a ser un hecho más para algunos elegidos y no tan popular.

En fin, no quiero que la nostalgia de este presente diferente sea la protagonista de este recuerdo. Quiero que la mira esté puesta en el pasado que se fue. Y ojalá que con mis nietos la historia pueda revertirse. Todo vuelve, según afirman. Dicen que los ciclos se repiten, así que es cuestión de tiempo.

La vida es un cuento. Tiene un principio, un argumento que se desarrolla y un epílogo. De modo que debemos apartar unos minutos e insistir. Volver a las noches de cuentos. Y poder terminar el día con otra frase que servía como un cierre perfecto: «Colorín colorado, este cuento se ha terminado».

Luego recibir un beso, acomodar las sábanas y almohadas, apagar la luz... y a soñar, nada menos.

CAPÍTULO 45

EL HONOR NO ESTÁ EN VENTA

Mis amigos son lo más valioso que tengo, aunque algunos suelen meterme en problemas. Así que de vez en cuando me llaman para que los ayude a tomar una decisión importante, o para que les diga cuál es la mejor manera de enfrentar una situación complicada. Ellos afirman que mis palabras siempre los reconfortan. Y yo me siento cómodo desempeñando ese rol. Me hace bien. Sin embargo, hay veces que no encuentro las palabras adecuadas.

Hace un par de años uno de mis amigos vino a cenar a casa con su mujer y sus hijos pequeños. Después de comer, la niña menor se durmió y los demás comenzamos a ver una película de época, cuyo protagonista era un gran guerrero. La historia nos atrapó de inmediato. El guerrero arriesgaba su vida, enfrentando toda clase de obstáculos y peligros solo para cumplir la promesa que le había hecho a su padre.

—Es increíble el honor que tiene este hombre —comentó mi amigo.

—¿Qué es el honor? —preguntó su hijo.

—Es lo más importante que puede tener una persona —le respondió simplemente mi amigo para no distraerse de la película.

Lejos de conformarse, el niño volvió a preguntar:

—¿Pero qué es?

Mi amigo me miró buscando ayuda, pero yo tampoco supe qué decirle en pocas palabras. Por lo tanto, recurrimos al viejo truco de cambiar el tema y buscar la definición exacta en otra ocasión. No obstante, la pregunta me dejó pensando y me propuse buscar una respuesta.

Si sabemos perfectamente el significado de la palabra *honor*, ¿por qué nos cuesta tanto explicárselo a un niño de hoy? Probablemente porque tememos que a las nuevas generaciones el concepto le resulte difícil de entender. Eso en el mejor de los casos, porque también es posible que lo consideren como una antigüedad, algo que solo se ve en las películas de guerreros. Y no estarían demasiado equivocados, ya que la importancia del honor en la vida cotidiana se fue desdibujando durante el último cuarto del siglo veinte.

Ya con tiempo para pensar y buscar las palabras adecuadas, me puse a reflexionar. *¿Qué es el honor?*

- Es tener un código de conducta y sostenerlo con convicción, pese a las tentaciones ocasionales.
- Es ser honesto, aun sabiendo que nadie nos está mirando.
- Es respetar los valores.
- Es decir la verdad siempre, por más que no convenga.
- Es hacer las cosas de frente, dando la cara.
- Es no aprovecharse de la gente ni traicionarla.
- Es pagar las deudas, aunque nadie las reclame.
- Es cumplir con las promesas, sin excusas.
- Es admitir los errores y pedir disculpas.
- Es respetar la palabra sin importar si conviene o no.
- Es caminar por la calle con la frente alta y poder mirar a todas las personas a los ojos, porque con todas se ha obrado correctamente.

El honor es eso. Todo eso. Junto.

Muchas de esas virtudes que en otras épocas eran moneda corriente, lamentablemente se han ido perdiendo. Hoy, quien realiza una acción honorable es noticia en los informativos de televisión. Lo que antes era normal en la actualidad es una excepción que sorprende. El límite de la ética se ha corrido casi sin que nos diéramos cuenta. ¿Qué nos pasó? ¿Por qué nos sucedió esto?

Recuerdo que hace muchos años, en mi Argentina natal, uno de mis tíos se vio acosado por diferentes deudas. Quería cumplir con ellas, pero el dinero no le alcanzaba. Así que para salir de aquella dura encrucijada sin fallarle a los que le habían prestado dinero, a mi tío se le ocurrió una gran idea: organizar una rifa de mil números. Si lograba vender un setenta por ciento, sus deudas quedarían en el pasado. Sin embargo, el problema era que no tenía nada valioso que ofrecer en el sorteo. Y nadie compra una rifa a menos que el premio sea lo suficiente tentador. Eso no ha cambiado con el paso del tiempo. Siempre ha sido igual.

La solución llegó inesperadamente de la mano de una vecina de toda la vida. Enterada de la situación, sacó de su armario un costosísimo tapado de piel, tal vez la única reliquia que atesoraba en su hogar de clase media, y lo donó para que fuera ofrecido como premio. El tapado era de piel de zorro natural, algo que en aquella época resultaba normal y en la actualidad sería visto como lo que realmente es: un espanto. Afortunadamente, eso sí ha cambiado con el paso del tiempo.

Con aquel lujoso tapado de piel como incentivo, la rifa fue todo un éxito. Mi tío pudo cancelar sus deudas y solo le quedaron sin vender cerca de cien números. Únicamente faltaba conocer al ganador o la ganadora del premio, que se definiría por los últimos tres números de la lotería nacional. Llegó el día del sorteo. Y quiso el destino que la lotería indicara que el boleto ganador fuera justo uno de los que no se habían vendido.

Solo mi tío sabía que el premio había quedado vacante. Él podía haber arrancado ese boleto del talonario, quedarse con el tapado y venderlo. En realidad, varios familiares al tanto de la situación le sugirieron hacerlo.

—No pierdas esta oportunidad de obtener una ganancia económica. La vecina no sabe que el premio quedó vacante —le dijeron.

—Pero lo sé yo —contestó—. Y eso es suficiente.

Mi tío le contó a la vecina lo que había sucedido y le regresó su costoso tapado de piel. Era un hombre de honor. Y con ese acto, además de quedar en paz con su conciencia, me dio una valiosa lección de vida.

Desde ese día, cada vez que me encuentro ante un dilema ético, pienso qué hubiera hecho mi tío. Y no me equivoco.

La mejor manera de explicarles las cosas a los niños es mediante ejemplos, pero en estos tiempos de falta de principios encontrar ejemplos de personas que actúan con honor es una tarea casi imposible.

Tal vez es a través de la historia que el concepto del honor se puede entender mejor. Homero escribió *La Ilíada* siete siglos antes de Cristo y su tema es justamente la importancia del honor, al que consideraban un regalo de los dioses que había que defender a capa y espada.

Cuenta la leyenda que en Roma existían dos templos: el del honor y el de la virtud, siendo imposible entrar al primero sin haber pasado por el segundo. El mensaje de esta parábola es que el honor no se puede heredar ni comprar, sino solo se adquiere a través de buenas acciones.

Ovidio lo dijo en otras palabras: «No es la riqueza ni los ancestros, sino una conducta honorable la que hace grandes a los seres humanos».

El honor era la razón de ser de los caballeros de la Edad Media. Ellos arriesgaban permanentemente sus vidas por defenderlo. Lo mismo hacían los samuráis en Japón y los rajputs en la India. Inclusive desobedecían órdenes de sus superiores si estas se oponían a sus propios códigos de honor. Eran el equivalente medieval de las personas (muy escasas, por cierto) que en la actualidad renuncian a importantes cargos por cuestiones de principios.

Tristemente, todo esto pertenece a la historia. El honor, en su más pura expresión, se ha perdido. En el mundo moderno, materialista y egoísta, todo vale para obtener éxito, riqueza o poder. Salvo algunas excepciones, la idea de que es mejor fracasar con honor que triunfar con deshonra ha quedado en el olvido. El problema está en que la ley muchas veces permite lo que el honor prohíbe. Cuando éramos jóvenes nadie se preguntaba si tal o cual acción eran legales. Lo único que nos importaba era saber si resultaban honorables.

Todavía recuerdo a un vecino en bancarrota que les entregó a sus acreedores hasta los muebles de su casa. O a un amigo de mi padre que tenía un restaurante y en las épocas de las vacas flacas primero les pagaba los sueldos a sus empleados y luego veía qué sobraba para él.

El honor, el buen comportamiento y las buenas maneras se adquieren más en el hogar que en las aulas. Y más con el ejemplo que con la palabra. Por eso es tan importante que los padres participen en la educación de sus hijos.

Recuperar el sentido del honor nos devolvería mucho de lo que hemos perdido como sociedad. No obstante, para eso es necesario que en cada familia haya al menos alguien como mi tío. Alguien que cuando quieran comprar su honor no dude en responder: «No hay dinero que lo pague, no está en venta, no señor».

Puedes estar seguro de que siempre habrá un niño escuchando.

Y aprendiendo la lección.

CAPÍTULO 46

ME VI OTRA VEZ

En ocasiones un escalofrío recorre mi espalda. Es una sensación extraña, que nace en el cuello y zigzaguea a toda velocidad hasta la cintura. No puedo evitarlo. Y esto me sucede con relativa frecuencia, a veces de manera imperceptible.

El último escalofrío que recuerdo fue hace unos años en Buenos Aires, cuando regresé para visitar a mis padres. Lo tengo muy presente porque fue mucho más fuerte que en otras ocasiones. Por un instante me sentí en otra dimensión. Fue como si el tiempo se hubiera detenido y estuviera protagonizando la escena de una película. Y no cualquier película, sino la película de mi vida.

Caminaba por Florencio Varela, un viejo barrio de Buenos Aires, y de pronto noté que estaba en la cuadra donde mi abuela vivió durante muchísimos años. Me llamó la atención lo cambiado que estaba todo. Es normal que a lo largo de una década se construyan un par de casas nuevas. O incluso tres, o cuatro. Pero en la cuadra de mi abuela ya nada era como lo conocí. El progreso había arrasado con aquellas casas bajas de clase media, reemplazándolas por edificaciones modernas. De la vivienda de mi abuela, entrañable escenario de inolvidables momentos de mi infancia, no quedaba el menor rastro.

Cerré los ojos y la imagen de aquella típica construcción de principios del siglo veinte, con su jardín al frente y su aroma a jazmines, emergió intacta en mi memoria. Y lo que parecía imposible, ocurrió. Como en un sueño abrí la vieja puerta de reja y volví a pisar las baldosas blancas y negras del patio delantero. Recorrí una vez más aquel largo pasillo exterior que separaba la típica casa «chorizo» (se les denominaba así porque eran largas y angostas como los embutidos) de un jardín lateral siempre muy cuidado y prolijo. En ese viaje imaginario, pensé en seguir caminando hasta el fondo para volver a ver el patio trasero, el amplio jardín donde jugaba al fútbol con mis primos, el galpón que servía para guardar todas las cosas que no cabían en otro lugar y el ya mítico gallinero de mi abuela, donde solía entrar a buscar huevos para que ella me preparara cosas ricas.

Sin embargo, algo me hizo cambiar de opinión. En la mitad del pasillo, la puerta de entrada estaba abierta de par en par, obstruyendo el camino e invitándome a pasar al interior de la casa.

Mi cuerpo seguía de pie en la acera, con los ojos cerrados, pero en mi mente abrí en dos la cortina de tiras de plástico gris y volví a cruzar el hall donde estaban los sillones de mimbre con almohadones rojos. Entré una vez más en la cálida cocina de mi abuela y mágicamente acaricié el mostrador de mármol blanco, el antiguo mantel de hule que cubría la rústica mesa de roble y las cortinas con bordados que enmarcaban la ventana.

El sonido del motor de un automóvil me sacó de mi letargo. Abrí los ojos y me vi parado en la acera, frente a una edificación nueva y desconocida. Solo yo podía ver la fachada de la amada casa de mi abuela. Entonces un escalofrío recorrió mi espalda y sentí la necesidad de hablarle. «Si estuvieras aquí no reconocerías el barrio», le dije. Y sonreí, como cada vez que la recuerdo y converso con ella.

Seguí caminando por esa cuadra que transité infinidad de veces durante mi infancia, cuando estar en la calle era bueno. Recuerdo que en la casa de mi abuela tenía más amigos que en mi propia casa.

Y me vi andando en bicicleta solo por primera vez, cuando descubrí que la mano de mi padre ya no sostenía el asiento para ayudarme a mantener el equilibrio. Recordé la sensación de libertad que me daba poder dar una vuelta a la manzana, pedaleando con el viento dándome de lleno en el rostro, con la respiración agitada por la emoción y el pecho inflado de orgullo.

Me vi sentado en el umbral de la casa, mientras mi madre me enseñaba a atarme los cordones de los zapatos.

Me vi preparando mi querido carrito de plástico para competir en una carrera contra mis amigos, quitándole las ruedas delanteras, agregándole peso con piedritas y masilla para brindarle más estabilidad, y colocándole una cuchara en la base para que se deslizara a mayor velocidad. O jugando a las figuritas con el objeto de ganarles a otros niños las «difíciles» que me faltaban para completar el álbum. Nunca pude llenar ninguno. Siempre salía a la venta uno nuevo antes de que pudiera terminar el anterior. Es más, nunca conocí a nadie que hubiera completado alguno. Pero no me importaba demasiado, porque la diversión estaba en el proceso, no en lo que lográbamos después.

Me vi jugando en la calle de tierra a las canicas, o las bolitas como les decíamos en Argentina. Este juego me dio la primera idea de la diferencia de clases sociales, porque los niños humildes tenían canicas lisas y opacas, mientras que los de las familias más acomodadas poseían bolitas transparentes con su interior decorado de diferentes colores. Sin embargo, el juego en sí equiparaba las diferencias de estatus, ya que un buen jugador con un puñado de canicas lisas podía llevarse a su casa muchas de las bolitas costosas.

Me vi en esa misma calle cuando éramos muchos y jugar al fútbol en el patio de la casa de mi abuela ponía en serios riesgos la vida de sus coloridas flores y sus cuidadas plantas, de modo que recurríamos al escenario callejero, más duro, donde éramos proclives a recibir raspones y había que hacer un alto ante la presencia ocasional de algún vehículo que precisaba avanzar a través de nuestro improvisado campo de juego.

Me vi escalando el muro del vecino y preguntándole si tenía a bien entregarnos la pelota que había surcado los cielos y desaparecido entre las plantas de su jardín. Uno no podía atreverse a buscarla por sus propios medios, porque siempre había un perro guardián que con su mirada feroz y sus colmillos amenazantes nos persuadía a evitar cualquier intento.

Me vi luego sentado entre los amigos y rivales deportivos ocasionales, en medio de la cuadra, sobre la acera, transpirados, descansando, tomando agua del pico de una canilla vecina (cuando el agua era agua y nadie tenía dudas sobre ella ni temía sus consecuencias), mientras analizábamos las circunstancias pasadas del juego y el desempeño de cada uno. Esos encuentros de fútbol que se disputaban religiosamente todos los sábados a la tarde terminaban cuando uno de los equipo anotaba doce goles. Y la jornada deportiva culminaba con el atardecer y el grito materno de retornar al hogar.

Me vi pasando con cualquier excusa por la puerta de la casa de la niña que me gustaba, simplemente para soñar con la posibilidad de verla de manera fugaz. Esto era algo que rara vez sucedía, porque esos encuentros casuales solamente se daban en las películas románticas o las telenovelas.

Llegué a la esquina. Crucé la avenida. La casa de mi abuela ya no existe, pero nada ni nadie podrá demolerla en mi mente mientras viva, porque los recuerdos de las cosas que amamos son imborrables. Permanecerán con nosotros eternamente.

Mientras escribo estas líneas, me parece ver a mi abuela saludándonos, moviendo ampulosamente los brazos mientras nos despedimos.

Y un escalofrío recorre mi espalda.

CAPÍTULO 47

PERSONA A PERSONA

Soy de la época de las cartas, el telegrama y el fax. Y eso hizo que al no tener las bondades de la comunicación provista por las actuales redes sociales, todo se realizara obligatoriamente de persona a persona. La pregunta era: «¿Cuándo y dónde podemos reunirnos para hablar?». No imaginábamos que algún día la propuesta sería: «Te hablo por WhatsApp», seguido por un par de emoticones, dándose la comunicación por hecha. Me disgusta la despersonalización de las relaciones entre la gente.

Prefiero los encuentros cara a cara, frente a frente, para bien o para mal. A fin de comunicar una buena noticia o dar una de las otras. Para seguir o terminar. Para obtener o perder. Para lograr o fracasar.

Persona a persona. Con un abrazo que va y un abrazo que vuelve. Con lágrimas que caen y no se esconden. Con el calor y la sinceridad del apretón de manos que comunica, de las miradas que dicen, que hablan, que expresan.

Sigo creyendo que persona a persona es mejor. Con la respiración entrecortada, las manos que tiemblan, los enojos que explotan, la pasión que va como preguntas y regresa como intensas respuestas.

Persona a persona. Para alentar, aconsejar, arengar y entusiasmar. Para estar presente y que me vean que lo estoy.

Persona a persona. Cara a cara. Sin ocultar ni engañar. Cercanía y no lejanía. Conocidos y no extraños. No me gusta la manera fría, distante y cibernética que tenemos de comunicarnos hoy.

Persona a persona. Mejor que con un aparato electrónico y mejor que con el celular más milagroso. Nunca nada será igual.

CAPÍTULO 48

DEMASIADO OCUPADOS VIVIENDO

Después de tanto tiempo, confieso que hoy he vuelto a mirar fotografías viejas. Tengo un armario casi íntegramente dedicado a atesorarlas. Y de vez en cuando me gusta quitar un cajón del mueble, colocarlo sobre la alfombra, y sentarme junto a él para dejar que mi mente viaje hacia el pasado a través de cada retrato. Sin embargo, esa actividad compromete de manera tan profunda los sentimientos que no puede realizarse en cualquier momento.

Para entregarse a la contemplación de fotografías viejas, sacudiendo las telarañas de la memoria y transportándonos a nuestra infancia o la de nuestros hijos, es necesario tener el alma dispuesta con anticipación. Hay que sentir una mezcla exacta de nostalgia y deseo de recuperar algo que el paso del tiempo nos ha arrebatado casi sin que nos diéramos cuenta.

Una vez lograda esa combinación mágica, recién en ese preciso instante uno puede dedicarse a mirar las fotografías. Lo ideal es no hacerlo por orden cronológico, sino de manera anárquica, así como hayan quedado apiladas dentro del cajón al final de la revisión anterior.

Y entonces comenzamos a repasar los rostros queridos. Rostros que han cambiado y rostros que ya no están. Rostros que siguen siendo importantes en nuestra vida y rostros que dejaron de serlo.

Rostros de familiares.

Rostros de amigos.

Rostros de compañeros de escuela.

Rostros de personas desconocidas, que jamás sabremos quiénes son y por qué razón ocasional se fotografiaron junto a nosotros.

Esas son las únicas fotografías que realmente interesan. Porque las fotografías que disparan los recuerdos son aquellas que muestran a las personas. A nadie le importan las imágenes de paisajes, por más imponentes que sean. Esas fotografías son lindas de ver al regresar de las vacaciones, pero con el paso de los años y las décadas lo único valioso de las fotografías son los rostros de la gente.

Uno observa una vieja fotografía y de inmediato se traslada imaginariamente al momento en que fue tomada. Resulta inevitable analizar el contexto. Pensar en quién habrá sido el fotógrafo ocasional, a qué año corresponde, por qué falta alguien en una imagen grupal, en qué lugar se tomó ese retrato y por qué estábamos allí en ese momento. Los recuerdos se precipitan y comenzamos a evocar vacaciones, fiestas de cumpleaños, viajes, reuniones familiares, momentos compartidos con amigos, situaciones vividas en la escuela...

En mi caso personal, cuando miro fotografías viejas, atravieso las barreras y vuelvo a sentir la vida como era en esos tiempos. Son fotografías que disfruto y nunca me canso de ver. No obstante, los retratos que sacuden mis fibras más íntimas, que me conmueven hasta hacerme sentir indefenso, que hacen rodar lágrimas por mis mejillas, son los que tienen que ver con mi propia infancia. El contraste con la actualidad es tan grande que el tiempo transcurrido parece aún mayor. Y sin lugar a dudas, el blanco y negro de las fotografías más viejas hace más nostálgico y emotivo ese viaje al pasado.

Ver mis fotos de niño no me provoca tristeza. Todo lo contrario. Me permite reafirmar que aquellos que nacimos y crecimos entre la década de 1960 y 1970 tuvimos una infancia increíble.

Las vivencias fluyen en mi memoria como ríos caudalosos e incontenibles.

Vuelvo a sentirme un niño con los ojos llenos de asombro.

Y recuerdo...

En aquella época todavía no existía la tecnología y todo era mucho más artesanal. Aprendimos a jugar con cosas muy simples y a utilizar nuestra imaginación para divertirnos todavía más. Teníamos los sueños muy entrenados y los días lluviosos no podían detener nuestras ganas de pasarla bien. Estábamos en contacto con la tierra, el césped, el lodo, los insectos, los árboles y las hamacas y toboganes de los parques. No nos importaba ensuciarnos o sufrir un raspón de vez en cuando.

Conocíamos los nombres de todos nuestros vecinos y jamás nos cansábamos de jugar. Desconocíamos el aburrimiento, disfrutábamos de programas de televisión para toda la familia, y podíamos pasar horas construyendo cosas con nuestras propias manos para luego salir a probarlas con nuestros amigos.

Mirábamos dibujos animados, nos sorprendíamos con cosas sencillas y nos reíamos hasta que nos dolía el estómago. Comíamos de todo sin culpa, porque no conocíamos las dietas. Y cuando queríamos comunicarnos con algún amigo, simplemente íbamos hasta su casa y tocábamos el timbre.

Cuando jugábamos a ser guerreros o piratas, nos compenetrábamos por completo con los personajes, ya que no había teléfonos móviles que distrajeran nuestra atención. Tal vez por eso ni siquiera lo notábamos cuando nuestros padres nos tomaban una fotografía que inmortalizara ese instante.

Estábamos demasiado ocupados viviendo...

Teníamos las mejores golosinas, la ropa llena de remiendos y juguetes que no necesitaban baterías ni conexiones eléctricas. Tiempo después supimos disfrutar de la aparición de la primera tecnología, pero sin dejar a un lado lo que tanto queríamos.

Éramos felices y no lo sabíamos. O sí, pero no nos deteníamos a pensarlo.

Definitivamente, eran buenos tiempos.

Ni mejores ni peores.

Diferentes.

Todo eso recuerdo cuando miro fotografías viejas.

Con melancolía.

Sin tristeza.

Mi vida actual se convertirá algún día en un grato recuerdo. Mis fotos de hoy se harán viejas. Las sacaré del cajón, sobre la alfombra.

Las miraré con una sonrisa.

Y otra vez, seré feliz sin darme cuenta. O lo harán mis hijos.

La vida continúa.

CAPÍTULO 49

ÚNICO

De niño amaba el verano. Y también lo odiaba. A simple vista esto parece una contradicción, pero no lo es. Amaba todas las cosas buenas del verano. Las vacaciones, las salidas nocturnas, no tener que madrugar, los helados, el mar, los deportes en la playa...

Sin embargo, el verano no llegaba solo. Venía acompañado de algo que yo detestaba profundamente: el calor. Y no era porque padeciera las temperaturas sofocantes, sino porque los rayos del sol me obligaban a usar camisetas de manga corta, exponiendo de ese modo mi gran complejo de aquellos tiempos: la extrema delgadez de mis brazos. O al menos así los percibía yo.

Hoy observo fotografías mías de esos años y veo un cuerpo no demasiado generoso en músculos, pero absolutamente normal para esa edad. No obstante, debo admitir que lo que hoy me provoca una piadosa sonrisa cargada de nostalgia y ternura, por ese entonces representaba un terrible complejo. Por esos años no se conocía la palabra *bullying*, pero los niños eran tan crueles como ahora. O tal vez más. Tenía un temor espantoso a que todos se burlaran de mis brazos de faquir. ¿Y cómo combatía ese temor? Utilizando camisetas de manga larga o dejándome puesta la chaqueta, aunque la temperatura nos derritiera.

«Dante es atérmico», comentaban mis tías al verme en la playa con ropa, mientras los otros niños jugaban despreocupadamente con sus torsos desnudos. Para mí era un alivio que pensaran eso, porque me evitaba el bochorno de que algún día descubrieran la verdad.

Fueron muchos años de angustia, de sufrir en silencio, de sentirme menos que los demás. Todo por tener los brazos demasiado delgados para mi gusto. Solo yo sé lo que padecí por ese absurdo complejo.

Por suerte crecí y el tamaño de mis brazos dejó de ser un trauma para mí. Hoy también voy vestido a la playa, pero ya no uso ropa para esconder los brazos, sino para disimular el abdomen. Pero ese es otro tema.

Lo peor de mi complejo no eran mis huesudos brazos, ya que ocultándolos estaba a salvo de cualquier burla. Lo peor era tener escondido bajo la alfombra mi secreto, ese que me estaba arruinando la vida. Sí, no exagero. La mía realmente no era vida. En verano no quería salir de casa y me pasaba el día comparándome con los demás. Mi autoestima era nula. Perdí años de mi vida por no hablar, por no pedir ayuda o decírselo a alguien, porque con el tiempo descubrí que al contárselo a alguien tu problema pierde intensidad, empezando a ver que no era para tanto y no tiene sentido vivir acomplejado.

Los complejos casi siempre surgen de las comparaciones, las cuales son odiosas, como decía mi abuela. Cuando ves un coche mejor que el tuyo, ¿no lo comparas?

Si ves que ascienden a un compañero de tu trabajo, ¿acaso no te preguntas por qué no te han dado ese puesto a ti?

Si tu vecino te cuenta que viajará al próximo mundial de fútbol con su hijo, ¿no sientes que tu vida es un fracaso y tu economía está en franca bancarrota?

Cuando te dicen que un amigo de la infancia se ha casado con una mujer hermosa, ¿no te da por pensar que ojalá fueras él?

En todos los casos, la respuesta es un rotundo sí. Es inevitable —y muy común— compararnos con alguien que está mejor que nosotros y sentirnos poco menos que una piltrafa.

Y entonces nos deprimimos pensando: *¿Por qué él sí y yo no?*

Cuando la pregunta debería ser: *¿Y por qué no?*

Sin embargo, no nos comparamos cuando nos dicen que alguien sufrió un grave accidente de tránsito, o cuando nos enteramos de que a un antiguo compañero de colegio van a embargarle la casa. En estos casos jamás nos preguntamos: «¿Por qué él sí y yo no?». Las comparaciones están ligadas a la falta de confianza. Cuando tenemos una alta autoestima, integridad, honestidad y educación, dejamos a un lado las comparaciones. Ya no las necesitamos. Y con lo que acabo de decir quiero hacerte ver que nadie debería compararse con nadie, pues todos somos únicos y poseemos nuestras cualidades y talentos que nos hacen imprescindibles.

Cuanto antes te des cuenta de esto, mejor. Eres único. Tu camino es tuyo y de nadie más. Todos nacemos con una herencia y una carga genética distinta. Imagina cómo serías si hubieras nacido en China, o en Australia, o en Senegal. ¿Cómo crees que serías físicamente? ¿Qué religión profesarías? ¿Qué idiomas hablarías? ¿Cómo sería tu día a día? Piensa en tu formación, el clima, la sociedad... todos esos factores afectan cómo eres actualmente.

Quiero que interiorices algo: nadie ha vivido lo mismo que tú, nadie ha atravesado las cosas que tú atravesaste, y nadie jamás será como tú. Eres único e increíble. Como decía Christina Aguilera: «*You are beautiful*» [Eres hermoso]. Y no importa lo que digan los demás.

Apenas descubras quién eres realmente, no te afectarán las comparaciones. Defenderás a capa y espada tus ideales, tus acciones y tu vida, sin que te afecten en lo más mínimo las cosas que digan sobre ti.

Saber quién eres y a dónde vas, saber cuál es tu pasión, y saber cómo piensas y cuáles son tus hábitos, hace que te conozcas profundamente, constituyendo además un gran paso hacia la realización personal. Doy fe de ello.

La felicidad depende únicamente de ti y del punto de vista con el que observes la vida. Habrá personas que intentarán ensombrecer esa felicidad. Son personas tóxicas. Por eso debes tener muy claro que eres único, tienes un camino que recorrer y tus sueños valen tanto como para seguir remando contra la corriente.

El psicólogo estadounidense Abraham Maslow dijo: «Solo podemos respetar a los demás cuando uno se respeta a sí mismo. Solo podemos dar cuando nos damos a nosotros mismos. Solo podemos amar cuando nos amamos a nosotros mismos».

Es muy común que los adolescentes, tanto mujeres como varones, tengan complejos físicos. Algunos están inconformes con el tamaño o la forma de su nariz, otros se consideran demasiado bajos, otros demasiado altos. Unos se preocupan por su silueta, otros detestan su cutis lleno de granitos. Algunos piensan que sus dientes son feos. Y de pronto aparece alguien que sufre porque sus brazos son muy flacos, como me sucedía a mí.

Los complejos físicos que un adolescente puede enumerar a la hora de hablar de su disconformidad con respecto a su imagen corporal resultan tan numerosos como las partes que componen su propio cuerpo. Sin embargo, son muy pocos los que reconocen aquellos aspectos de su personalidad con los que no están a gusto.

Una de las señales más claras de que necesitaba mejorar mi autoestima era que estaba siempre comparándome con los otros y pensando que valía menos. Me sentía inferior a todos los que me rodeaban. Tenía un sentimiento de inferioridad muy agudizado.

Es algo lejano en mis recuerdos, pero no se me ha olvidado el efecto que esa idea de considerarme menos que los demás tenía en mí. Me daba igual que se tratara de uno de mis mejores amigos o una persona que acababa de conocer, yo siempre hacía lo mismo. Pensaba en la persona, pensaba en mí, comparaba lo que me estaba diciendo o lo que yo estaba viendo, y establecía la sentencia:

Él vale más que yo.

Su vida es más interesante.

Ella sí le gusta a la gente.

Él sí que hace las cosas bien.

Él sí que tiene talento.

A ella sí que le va a ir bien.

Yo no soy nadie a su lado.

No obstante, lo cierto es que nunca ha existido ni existirá alguien igual a nosotros. Pero esto no es un testimonio a nuestro favor, sino a favor del Dios que nos creó.

Tú no eres idéntico a ninguna otra persona que haya vivido jamás. La exclusividad es un regalo que Dios te ha hecho y es una responsabilidad. Te debes a ti mismo y necesitas ser quien eres. Y también se lo debes a Aquel que te creó. Esto significa que nadie puede adorar a Dios como tú. Fuiste creado para adorar a Dios de una forma en que nadie más puede hacerlo.

¿Cómo lo haces? Teniendo una vida única. Desempeñas un papel irreemplazable en el gran relato de Dios.

La mayoría de los seres humanos viven como extraños para sí mismos. La verdadera identidad queda sepultada bajo los errores y las decisiones. Son cautivos de las expectativas ajenas. Y gastan una cantidad enorme de energía tratando de ser quienes no son.

Sin embargo, tratar de ser alguien que no eres equivale a renunciar a los derechos espirituales que tienes por nacimiento. Asimila profundamente esta verdad: Hay un gozo enorme cuando descubres quién eres. ¡Pero hay una libertad enorme cuando descubres quién no eres!

Si te acuerdas de tus clases de biología, sabrás que posees cuarenta y seis cromosomas. Veintitrés de tu padre y veintitrés de tu madre. Y esa combinación exclusiva de cromosomas determina desde el color de tus ojos hasta la cantidad de cabello que tienes. ¡O sea, eres incalculablemente único!

Nunca habrá alguien como tú, pero siempre terminamos siendo la copia al carbón de otra persona. Renunciamos a nuestra exclusividad para integrarnos al grupo. Sacrificamos las huellas de nuestra alma en el altar de la superficialidad o la hipocresía.

Al final del día, Dios no te preguntará: «¿Por qué no fuiste más parecido a Billy Graham o a la Madre Teresa?». En cambio, querrá saber: «¿Por qué no fuiste único?».

Además, cuando te sientes inferior, crees que todo el mundo se da cuenta de tus errores. Te sientes temeroso de lo que puedan decir, lo que puedan pensar, lo que opinen sobre ti, y eso te quita la libertad para ser tú mismo. Lo peor de todo es que ni siquiera te das cuenta de que estás siendo tu propio carcelero.

Mi caso personal era aún más complicado, porque aparte de ser mi propio carcelero, había una voz interna que saboteaba todas mis actividades: «Vales menos que tus compañeros», «Ellos lo hacen mejor que tú», «Este trabajo no es para ti»...

Con el tiempo aprendí que el secreto estaba en mejorar mi autoestima y dejar de compararme con otras personas, con gente que tiene otros valores, otras oportunidades, otros objetivos y otros sueños. ¿Y qué importa cómo les va a ellos? Lo importante eres tú y lo que quieres para ti. ¿Eres quien quieres ser? ¿Te sientes más complacido que hace un año con tu persona? ¿Qué necesitarías para sentirte mejor contigo mismo dentro de un año?

En lo que a mí respecta, cambié el enfoque de mis análisis. Me dije a mí mismo:

Yo valgo como él.

Mi vida es más interesante.

Yo sí le gusto a la gente.

Yo sí que hago las cosas bien.

Yo sí tengo talento.

A mí me va a ir bien como a ella.

Yo soy alguien a su lado.

Hacer estas declaraciones es la única forma de comparación que sirve para avanzar. Y vaya si avancé. Recuperé la confianza. Cambié mi forma de ver las cosas. Comencé a comprender que aunque todos fueran mejores que yo, nadie era así de único.

Acepté que mis brazos son como son. Y soy feliz con ellos.

De niño amaba el verano. Y ahora también.

CAPÍTULO 50

LAS CINCUENTA COSAS QUE APRENDÍ A LOS CINCUENTA AÑOS

1. Más allá de lo imposible, siempre hay otra posibilidad.
2. El problema del charlatán es que habla cuando debe callar. Y el del sabio es que calla cuando debe hablar.
3. De los muchos mensajes que debas dar, elige aquellos que justifiquen la risa, revitalicen la vida y entusiasmen con respecto al futuro, en vez de esos que anestesian, golpean y hacen llorar.
4. La panacea del irresponsable es que otro se haga responsable de sus irresponsabilidades.
5. Solo las manos muy abiertas pueden ayudar a los demás, mientras que las muy cerradas temen hasta saludar.
6. Las manos hablan y no es muy complicado entenderlas.
7. En tanto el odio sature las manos, no habrá acuerdos ni mucho menos paz. Solo existirá la venganza y con ella toda clase de mortandad.
8. Mientras más abiertas y extendidas tengas tus manos, más amigos podrás cosechar, más gratitudes recibirás y más odios podrás erradicar.
9. No se eligen las circunstancias ni tampoco las tragedias, pero sí se elige el espíritu con el cual nos enfrentaremos a ellas.

10. No temas hacer preguntas difíciles y tampoco encontrar respuestas duras. Es así como se comienzan a construir los caminos de las soluciones.

11. La historia no concede lugares a las crónicas del abandono, sino a las del esfuerzo y la superación a pesar de todo.

12. Aquel que se asombra solo con la altura de un árbol, se perderá de extasiarse con la grandeza de un bosque.

13. El que se quede llorando y mirando esa puerta que se le cierra, no podrá pasar por las otras diez puertas que todavía siguen abiertas.

14. A falta de entusiasmo, abundancia de estrés y cansancio.

15. Si te fijaras menos en los monstruos, verías mejor a un hermano. Si te fijaras menos en la destrucción, verías mejor la reconstrucción. Si te fijaras menos en la crítica, verías mejor la cooperación. Si te fijaras menos en la difamación, verías mejor el honor. Y si te fijaras menos en los infiernos y demonios, verías mejor a Dios.

16. Verte enfermo hoy, pero visionarte saludable mañana, ciertamente despertará al gladiador que se esconde dentro de ti y en épocas de grandes aprietos necesita salir a la arena a dar su pelea.

17. La visión es mirar más allá del proceso para ver el producto terminado. Más allá de lo que está ocurriendo para ver lo que ya ha ocurrido.

18. Si comienzas a ver lo bueno más allá de lo malo que percibes, ¿qué pierdes? ¡Nada! ¿Y qué ganas? ¡Todo!

19. Hay quienes dicen haber nacido para morir y se pasan la vida esperando ese día. Hay quienes nacieron para vivir y se pasan la vida haciendo todo lo posible para disfrutarla.

20. Si tener vida es un incomparable beneficio, no permitas que nada ni nadie trasforme la tuya en un maleficio.

21. Quien espera a tener millones para ser feliz, no le alcanzará la vida para serlo realmente.

22. Aunque la prueba duela, no dejes de dibujar en tus labios la satisfacción de estar con vida todavía.

23. Si quieres ser feliz, tienes que querer serlo.

24. Algo bueno vendrá después de todo esto.

25. Hay un valor y un poder indescriptibles en eso de que «nadie me lo cuente», sino que más bien «lo cuento yo, porque lo he vivido».

26. Se puede llorar alguna vez en la vida, pero no se debe pasar la vida llorando.

27. No quiero estar visitando tumbas en un cementerio cuando puedo estar celebrando la vida en el lugar más cercano o más remoto del planeta.

28. Aquel que tiene vergüenza de preguntar va a llegar a muy pocos lugares. Es como si le diera lo mismo quedarse o avanzar, saber o ignorar.

29. Nuestro próximo descubrimiento no está muy lejos, solo a la distancia de una pregunta inteligente.

30. No es muy difícil de entender: hay que decir lo justo y necesario y luego llamarse a silencio.

31. El mundo no es más que el resultado de unos seres humanos que no se cansan de ser incrédulos.

32. Hacer silencio, cerrar la boca, no emitir palabra y no decir ciertas verdades que se están pensando muchas veces salva vidas, sana las relaciones y regenera la esperanza.

33. Hemos perdido la maravillosa costumbre de seguir creyendo en los milagros a pesar de todo.

34. Hay que tener cuidado de que al juzgar en otro algo como locura, no me encuentre despreciando el nacimiento de una nueva genialidad.

35. Es común entre los humanos reírse del que sueña y aplaudir al que de tanto sueño solo duerme y no quiere progresar.

36. Un mismo pozo puede ser útil tanto para sepultar un proyecto como para echarle cemento y comenzar a construirlo. Una u otra posibilidad implican una decisión que deberás tomar.

37. Aunque creas con todo tu corazón en la posibilidad, siempre habrá un dúo o un coro de incrédulos que intentará hacerte claudicar.

38. Más allá de un final, siempre hay un nuevo comienzo.

39. Los aplausos a los genios no se producen durante el proceso en que construyen su locura, sino cuando llegan al final, una vez que la gente se convence de que lo que hicieron no fue un acto de demencia, sino una genialidad.

40. Hay que ocuparse de nuestros imposibles hasta hacerlos posibles y concederles entrevistas a nuestros críticos para finales de los próximos diez años.

41. Tu problema necesita solución, y muchas veces la solución eres tú mismo.

42. Alguna vez deberíamos cansarnos de ser tan escépticos y aburrirnos de ser tan desconfiados.

43. El que crea que hay más poder en las bombas que en las palabras justas y sabias, no conoce aún lo que es el poder.

44. Jamás disfrutará de lo mejor aquel que siempre se prepare para lo peor.

45. Quien vive diciendo: «No lo puedo creer», jamás tendrá la opción de hacerlo.

46. Las crisis no son más que sacudones producidos para liberar la energía que nos permite reestablecer el equilibrio de la vida.

47. Ser fuertes es el deseo de los débiles y la debilidad, el talón de Aquiles, de los que vencen.

48. Hay segundos que se hacen eternidad, en los cuales la fama vale un suspiro y las glorias de los logros obtenidos ayer son solo baratijas que nadie acepta para negociar un minuto más de verdadera felicidad.

49. Debes gritar cuando quieran callarte, hablar cuando quieran silenciarte y creer cuando digan que es demasiado tarde.

50. Al final de cuentas somos tan humanos como cualquier hijo de vecino, ni más ni menos. No hay sangre real, ni tampoco azul. Solo roja, bien roja, bien humana y bien necesitada. No hay ricos, ni pobres, ni reyes, ni esclavos. Solo humanos que a veces idiotizados por el glamour de la vana trascendencia nos construimos nuestro propio y absurdo catálogo de mortales apreciados y despreciados, importantes y olvidables, útiles y desechables.

CAPÍTULO 51

VEINTE DÓLARES

(COLABORACIÓN DE ANDRÉS MIRANDA,
AUTOR URUGUAYO, CONFERENCISTA Y PERIODISTA.)

Conocí a mi amigo Raúl cuando los dos éramos flacos. Él era un buen tipo, simpático, alegre y extrovertido. Apasionado por todo lo que emprendía, buen conversador y siempre lleno de energía. Cualquiera diría que la vida le sonreía, pero en verdad Raúl sonreía más de lo que la vida le sonreía a él.

Trabajaba mucho, vivía bien, pero no había que ahondar demasiado para descubrir ciertas heridas que aún llevaba casi a flor de piel.

Raúl no había tenido una buena relación con su padre. No obstante, ahora que él mismo era padre había superado un poco aquel trauma, o por lo menos eso pensaba. Para bien o para mal, la presencia o ausencia de un padre en nuestra vida nos marca para siempre.

En el caso de Raúl, más que mala, la relación con su padre había sido nula. Su padre no existía en su vida, y tal vez lo que más le dolía era que él no existía en la vida de su papá tampoco.

El ser humano piensa que si no tiene algún valor ante los ojos de su padre, no lo tendrá ante los ojos de nadie. O en el mejor de los casos, deberá hacer un esfuerzo sobrehumano para tratar de justificar su existencia y algún valor agregado ante los ojos de los demás. Sin embargo, el problema es que los demás por lo general están demasiado ocupados en sí mismos como para ayudarte efectivamente a resolver esa duda.

Tal vez por todo eso Raúl adoraba a su hijo Matías. Lo quería con locura. Los dos se amaban mucho. Mati, como le decía Raúl, era más que un hijo. Pero él no se daba cuenta de lo peligroso que eso resultaba. Un hijo es un hijo. Un padre puede ser amigable, pero no debe dejar de ser padre. Amigos habrá muchos, padre hay uno solo.

Mati era como un trofeo de guerra para Raúl. Un mensaje vengador contra su propio padre. *Yo pude ser padre y estar presente en la vida de mi hijo. Lo que tú no hiciste, yo lo estoy haciendo ahora*, parecía ser el diálogo cósmico entre Raúl y su padre. Por eso le compraba muchos regalos a Mati. No había semana en que no llegara tarde en la noche con un regalo para el pequeño.

Algunos días el niño ya estaba dormido, pero cual un verdadero Santa Claus, Raúl le dejaba los juguetes al lado de la cama. Debo ser sincero, eran montañas de juguetes las que Mati acumulaba en su cuarto: robots que hablaban con luces y sonidos, autos eléctricos, varios metros de trencitos con rieles y vagones de todos colores, pelotas de fútbol de varios equipos, espadas con rayo láser, helicópteros que nunca volaron y barcos que nunca conocieron el mar.

Mati no tenía tiempo para jugar con todos ellos. Además, nadie sabía que muchas veces tampoco tenía ganas. Raúl creía que le reciprocaba a su hijo la felicidad que este le proporcionaba a él como padre. Es verdad que su trabajo no le dejaba mucho tiempo para jugar con Mati, pero no le iba a faltar con qué jugar. Ni por error podía pensar que no era el papá que debía ser. Comparado con su propio padre, merecía el premio Nóbel. Sin embargo, las comparaciones también son peligrosas. Sobre todo porque es muy difícil escapar de la impronta familiar. A menos que uno se dé cuenta e intencionalmente tenga un rompimiento interior, todos somos candidatos a repetir lo que vivimos en casa. Incluso lo que más odiamos.

Raúl llevaba la cuenta de la cantidad de regalos y dinero que invertía en su hijo, pero Mati contaba la cantidad de partidos que no habían jugado, la cantidad de monstruos que no habían matado, la cantidad de kilómetros en bicicleta que no habían recorrido, la cantidad de castillos en islas perdidas que no habían conquistado y la cantidad de piratas que no habían atrapado.

Un niño no necesita con qué jugar, sino con quién hacerlo. Raúl siempre le decía a su esposa que ya faltaba poco, que tal vez le dieran la promoción el próximo año, entonces saldrían de vacaciones, de las deudas y de las dudas. El esfuerzo que estaban haciendo valdría la pena, ya lo verían. Es más, como adelanto este sábado irían a algún lado, al parque o a la playa.

Nadie respondía a esas palabras, porque el mencionado sábado lo esperaban desde hacía años y nunca llegaba. Ese sábado simplemente no existía más que en la cabeza llena de culpas de Raúl.

Entonces algo ocurrió una noche. Era una de esas ocasiones en las que llegó a la casa mucho después de la cena. A una hora en que no piensas que nadie te espere. Sin embargo, Mati lo esperaba. Raúl se sorprendió.

—Hijo, ¿qué haces despierto a estas horas?

—Papá, quería preguntarte algo. ¿Cuánto te pagan por hora en tu trabajo?

—No sé, como veinte dólares, ¿pero por qué me preguntas eso? —respondió intrigado Raúl.

—Es que estoy juntando dinero —dijo Mati, un poco avergonzado de tener que revelar su plan—. Cuando llegue a veinte dólares quiero comprarte una hora para que juegues conmigo.

CAPÍTULO 52

21 DE SEPTIEMBRE

«Esperaba que llegaras, te esperaba primavera,
pues sabía que traías, para mí un nuevo amor».
–LETRA DE LA CANCIÓN «BIENVENIDO AMOR», DE PALITO ORTEGA

En el televisor blanco y negro de la sala de mi casa comenzaba a escucharse *Bienvenido amor*. Esa era la señal tan esperada. Con una letra simple y alegre, la pegadiza canción de Palito Ortega —cantante argentino de enorme popularidad durante las décadas de 1960 y 1970— anunciaba la llegada de la primavera.

¡Y con cuánta ansiedad yo esperaba el día de la primavera en mi adolescencia! No era que me importara mucho el cambio de estación, las energías renovadas, el reverdecer de los árboles ni la explosión de color con que se teñían los parques y jardines de mi barrio. Mucho menos me conmovían las enseñanzas de las culturas ancestrales que hablan de venerar el rebrote de la vida, el nuevo ciclo vital en el que todo aquello que el otoño y el invierno marchitaron vuelve a renacer. Ni siquiera estaba ansioso por volver a escuchar el canto de los pájaros o sentir el aroma de la madreselva que cubría la reja de los vecinos de enfrente y perfumaba toda la cuadra.

No señor. Nada de eso me interesaba. En aquellos tiempos para mí lo único importante era el picnic de la primavera. En Argentina, el cambio de estación es un hecho trascendental para los adolescentes que cursan el colegio secundario. El 21 de septiembre es también el día del estudiante y no hay clases. Es un día feriado más en el que no hay que concurrir a la escuela, con el aditamento de que por aquel entonces se festejaba a lo grande. Bueno, tampoco se trataba de una fiesta deslumbrante, pero para mí y mis amigos de la adolescencia era uno de los mejores días del año.

Siempre y cuando no lloviera, claro. Porque si bien la primavera es la estación del amor y las alergias, también es la época de las lluvias y los cambios de clima intempestivos. Y mi adorada Buenos Aires tiene una hermosa costumbre que no ha cambiado desde que la dejé: los días previos al comienzo de la primavera suelen ser estables, soleados y cálidos, pero casi todos los 21 de septiembre el cielo se pone plomizo.

Algunas veces amenaza con llover y otras directamente diluvia sin piedad. Sin embargo, pareciera que es así en todo el mundo. No en vano el escritor estadounidense Henry Van Dyke dijo hace más o menos un siglo: «El primer día de la primavera es una cosa y el primer día primaveral otra diferente. Frecuentemente la diferencia entre ellos es más de un mes».

Así y todo, con el pronóstico de probables chaparrones pendiendo sobre nuestras cabezas, recuerdo que organizábamos durante toda la semana previa cómo sería el picnic de la primavera. Por regla general se hacía «a la canasta», un sistema en el que todos llevaban sándwiches para almorzar, alguna soda y —como no podía ser de otra manera— el infaltable mate (infusión Argentina) para acompañar las galletas y pastelillos cuando cayera la tarde.

A la hora de comer, extendíamos sobre el pasto una manta, nos sentábamos sobre ella y compartíamos todo: comida, anécdotas y la felicidad de ser jóvenes y tener toda la vida por delante.

Eran momentos de sana diversión. Tiempos de amor y paz, que lamentablemente se han ido perdiendo. Solo se consumían jugos y gaseosas, resultando casi imposible ver bebidas alcohólicas en un picnic de la primavera.

No había desmanes, ni enfrentamientos con jóvenes de otros colegios. Al contrario, a veces hasta organizábamos un partidito de fútbol contra los de otro grupo si los nuestros no eran suficientes. También tratábamos de confraternizar para acercarnos un poco a las chicas. Si las de nuestro colegio no nos prestaban demasiada atención, empezábamos a mirar para los costados.

Los festejos del día de la primavera han dado pie a muchísimos romances juveniles. Algunos, inclusive, perduraron por años y terminaron convirtiéndose en bellas familias.

Los que más «ganaban» con las chicas eran los que tocaban la guitarra, porque siempre había uno que la llevaba a todos lados. Entonces la sacaba de la funda, empezaba a tocar algunos acordes, y enseguida se armaba la guitarreada. Todos empezábamos a cantar, generalmente las canciones de Sui Generis, todo un clásico en las rondas de canto y guitarra de mi país natal.

Aunque el dúo conformado por Charly García y Nito Mestre se había disuelto hacía una década, sus temas se escuchaban en los Bosques de Palermo, el Delta del Tigre, la Costanera y en cuanto lugar hubiera adolescentes festejando. No saber la letra de alguno de sus hits era casi un pecado mortal.

Esas canciones se siguen transmitiendo de padres a hijos hasta el día de hoy. E incluso en la actualidad alguien que saca la guitarra para cantar alguna de sus canciones seguro que conquista a la chica más linda del grupo.

Cuando ya éramos un poco más grandes, cerca del final de la secundaria, al picnic lo precedía un «asalto». Esta actividad no tenía nada que ver con un hecho policial y sí con la diversión. Alguno de los compañeros del colegio ponía su casa a la disposición de todos para realizar un baile y los demás comprábamos algo a fin de compartirlo. Por lo general, los varones llevábamos gaseosas y las chicas cosas para comer.

Los asaltos eran un buen preludio para el picnic de la primavera. No duraban hasta muy tarde, porque había que madrugar a fin de aprovechar el día siguiente por completo. No estaba nada bien llegar al picnic sin dormir y terminar roncando entre las canastas bajo el sol, mientras los demás se divertían. Sin embargo, tampoco era una buena opción irse temprano del baile. Al final de la fiesta venía lo mejor: los lentos. Sí, en esa época se bailaba lento todavía, y era el mejor momento para buscar un acercamiento con la chica que nos gustaba.

Eso sí, había que ser muy hábil para sacarla a bailar en el instante preciso, cuando todavía estaba la música movida y a punto de que comenzaran a pasar las baladas en inglés. Si la invitabas mucho antes, ella podía llegar a bailar un par de temas antes de encontrar la forma de escabullirse. Y si la sacabas a bailar en pleno baile lento, eso era casi como una declaración de amor sin palabras frente a todos tus compañeros.

Podían suceder dos cosas: que la chica aceptara, con lo cual te convertías inmediatamente en un verdadero galán a los ojos de tus amigos; o que te rechazara, con lo cual te incinerabas públicamente y serías el blanco de las bromas hasta el asalto de primavera del año siguiente.

Hoy, con el paso de las décadas, sigo esperando con entusiasmo la llegada de la primavera para saber que se termina el invierno y que por un largo tiempo el frío se quedará del otro lado del planeta. Esto es así porque aunque llueva, truene o cambie el clima repentinamente, es la mejor época del año. Como sabiamente escribió Pablo Neruda: «Podrán cortar todas las flores, pero no podrán detener la primavera».

También la sigo esperando porque como dijera el inolvidable Robin Williams: «La primavera es la manera que tiene la naturaleza de decir: ¡Festejemos!». Y sí, hay que festejar todo lo que se pueda. Hay que tratar de no perder la alegría y celebrar que estamos vivos, que tenemos trabajo, amigos, casa, gente que nos quiere, que cumplimos años, que descubrimos una arruga más cuando nos miramos al espejo, que hemos bajado de peso porque la dieta dio resultado, o que hemos subido un kilo porque disfrutamos con ganas la comida en familia de la noche anterior.

Vive, ríe, disfruta y siempre encuentra un motivo para festejar la vida como si aún tuvieras quince años, porque tengas la edad que tengas, si al llegar la primavera sientes que un cosquilleo te recorre el cuerpo, serás joven hasta el último instante de tu vida.

Aunque ya no organices un picnic en el parque.

Aunque ya no cantes ni toques la guitarra.

Aunque ya no ofrezcas tu casa para un «asalto».

Aunque ya no bailes lentos.

Aunque ya no pretendas conquistar a la chica más linda... porque ya te has casado con ella.

CAPÍTULO 53

COMO ME VI AYER

«¿Qué es la vida? Un frenesí.
¿Qué es la vida?
Una ilusión, una sombra, una ficción,
y el mayor bien es pequeño:
que toda la vida es sueño,
y los sueños, sueños son».
—PEDRO CALDERÓN DE LA BARCA (1600-1681),
DRAMATURGO Y POETA

Hago un alto en el camino. Me detengo. Pienso. Y vuelvo a pensar. ¿Cuántas veces nos detenemos a pensar? ¿A menudo o muy de vez en cuando? Pensamos poco. No hay tiempo, quizás. Vivimos tan acelerados que no hay tiempo ni de pensar. Solo de ir. ¿Hacia dónde? Hacia algún lado, pero hay que ir. Y siempre hacia adelante. No sabemos bien por qué, pero la masa, la vida cotidiana y el mundo nos llevan hacia allá. Y nunca llegamos a ese «lugar». No distinguimos dónde está, lo que es, qué hay en él, ni por qué. Simplemente vamos. Dejamos a un lado todo criterio y la regla tácita que establece que para llegar al mañana tenemos que transitar el hoy con lo que aprendimos ayer.

Por eso, me bajé del tren de la vida por varias estaciones. Para poder pensar. Y realicé un repaso de mi biografía. Un pantallazo. Y pude observar la película de mi vida, llegando a la firme convicción de que comencé a escribir el guión de la misma hace muchos años, allá por mi infancia.

Según mi modesto parecer, entiendo que uno es el autor del libreto de su propia película. El elenco del filme se completa con nuestra familia, amigos y entorno. Y hay diferentes directores para cada etapa, empezando por los principales, los padres, que nos ayudan a llevar adelante nuestra propia historia. Sin embargo, es uno mismo el que la va creando, la escribe, la corrige y la vuelve a reescribir. Tacha. Borra. Por momentos hace uso de la pura intuición, en otros buscan asesoramiento, un consejo. Tendrá etapas de comedia y algunos momentos más dramáticos. Adquirirá aspectos propios de un suspense o mostrará pasajes románticos. No obstante, con errores y aciertos, se va conformando una sucesión de situaciones que le darán forma a una historia final.

Y como decía, al mirar hacia atrás recreando lo que fue el recorrido de mi vida hasta hoy, puedo decir en el presente que soy como me vi ayer.

Cuando uno es niño, sueña. La mayor riqueza que posee un niño es el valor de los sueños. Mi madre siempre me decía que fuera tras mis sueños, que si deseaba algo con fuerza, se iba a cumplir. «¡El día que te destapes, Dantecito, no vas a parar jamás!», afirmaba orgullosa, como conociendo el futuro.

Cuando uno es niño, en algún momento se presenta el dilema de qué vas a ser cuando seas grande. En búsqueda de cuál de todos tus sueños vas a ir. Por ese entonces, mis inclinaciones en cuanto a mi vocación futura no eran precisamente las más aceptadas por mis padres. En aquellos tiempos, para los padres un diploma universitario representaba la garantía del éxito, la prosperidad y la seguridad en la vida. Los míos eran descendientes de inmigrantes que habían alcanzado su posición a duras penas, a base de esfuerzo, trabajo y tesón, sin siquiera completar los estudios. El arduo trabajo diario constituía una buena parte de su jornada desde la adolescencia, y el estudio era algo complementario. Como hijos ellos ayudaban a la economía familiar. Por lo tanto, mis padres tenían el concepto de que sus hijos debían estudiar, llegar a ser alguien, como si ellos no lo fueran (los diplomas no certifican el don de gente ni lo definen), y estaban preparados para hacer el esfuerzo encomiable de solventar mis estudios y los de mis hermanos, a fin de que lográramos tener una profesión que nos deparara un futuro más alentador.

En ese entonces marcaban tendencia las carreras de abogacía, medicina, técnico electrónico, arquitectura, ingeniería y administrador de empresas. Sin embargo, ninguna coincidía con mis deseos.

En medio de ese panorama, mis sueños quedaban un poco relegados. Jugador de fútbol no encajaba en el pensamiento paterno. Era una diversión, no una profesión. ¿Baterista de un grupo de rock? Menos. Resultaba inviable. Sin embargo, había sido mi esparcimiento preferido. Permanecía sentado durante horas frente a baldes dados vuelta, tarros de plástico, latas de pintura vacías, tapas de ollas a modo de platillos y cucharas de madera como palillos. Era el inicio de mi profesión como músico. Tampoco hubo quórum.

¿Y dónde quedaron los consejos de mi madre? ¿Qué hay de mis sueños y de ir tras ellos? ¿Y qué del día en que me iba a «destapar»?

Yo quería ser lo que quisiera ser. Siempre agradecí y entendí que mis padres estuvieran dispuestos a sacrificarse, pero tenía que ser yo el que marcara el camino. El que escribiera el libreto de mi película. Al fin y al cabo, los hijos no son hojas en blanco para escribir, sino libros para decodificar, y de algún modo ellos lo sabían también.

Mis padres fueron héroes que no se postularon a un premio Nóbel o Pulitzer. Ellos cosían dobladillos, revisaban calificaciones, arropaban en la madrugada, leían cuentos, se sacrificaban trabajando el doble y pasaban noches en vela. Formaban parte de ese escuadrón silencioso que esperaba a que sus hijos se «destaparan».

Finalmente los convencí. Me creyeron. Me apoyaron. Sobre todo, confiaron y me dieron la libertad. Ninguna universidad otorga el certificado de ser libre, ese tuve que ganármelo.

El tiempo fue pasando. No fui jugador de fútbol. Tampoco baterista de un grupo de rock. Mi historia fue por otros senderos. Un sendero a veces llano, con subidas, con bajadas, por momentos atestado de piedras o resbaladizo y sinuoso. Pero un sendero al fin. Sin metas. Porque como dijo alguien alguna vez, «lo importante no es el destino, sino el viaje».

Y aquí voy. Sigo viajando. Me vuelvo a subir al tren con el convencimiento de que puedo hacer algunas paradas para pensar.

Y he pensado que fui capaz de cumplirles a mis padres otra parte de sus sueños y deseos: que fuera feliz, una buena persona, humilde, honesta, alguien que lucha por sus ideales. Que bregó por una familia igual a aquella en la que creció. Que los tuvo y los tiene de ejemplo.

Así fue. Y así es. ¿Es necesario más?

Estoy convencido de que hoy soy como me vi ayer.

Y eso ya es un milagro.

CAPÍTULO 54

DISFRUTA LA SOLEDAD PARA INSPIRAR

Los humanos somos seres esencialmente sociales. Desde el momento en que nacemos, necesitamos de nuestros padres para que nos cuiden y nos guíen en el crecimiento y el aprendizaje. Así vamos forjando los primeros lazos, que luego se expanden al resto de la familia, los compañeros del colegio, los vecinos, nuestros colegas en el trabajo y los amigos que vamos haciendo con el correr de los años.

Sin embargo, a pesar de toda la gente que nos rodea, en muchos momentos nos sentimos solos. La soledad nos agobia, nos entristece y nos corroe el alma. «Una persona puede sentirse sola aun cuando mucha gente la quiera», escribió Ana Frank en el diario que llevó durante sus más de dos años de encierro para ocultarse de los nazis en Ámsterdam durante la Segunda Guerra Mundial. Y eso es tan real como que hay diferentes tipos de soledades.

Ya desde pequeño fui un gran observador de la conducta de la gente, percibiendo que no todo solitario se siente solo y que muchas personas que viven rodeadas de pequeñas multitudes sufren una gran soledad. Nadie plasmó mejor esa observación que el escritor Eduardo Galeano: «Andar solo no duele. Sentirse solo es otra cosa».

En el siglo dieciocho, el controvertido poeta británico Lord Byron escribió: «Solo salgo para renovar la necesidad de estar solo». Y no se equivocaba. Es refrescante tomarse unos buenos ratos a solas para disfrutar de nuestra vida interior, pensar o simplemente hacer algo que nos guste.

«Si te sientes en soledad cuando te encuentras solo, estás en mala compañía», fue la genial síntesis que encontró el escritor y filósofo Jean Paul Sartre para definir a la gente que huye compulsivamente de la soledad.

Hay que aprender a estar solo. En ciertas ocasiones, la soledad es buena consejera. Nos ayuda a mirar más profundamente dentro de nosotros, a saber con exactitud qué es lo que queremos para nuestras vidas.

Y algunos pensadores van incluso más allá. Por ejemplo, el marqués de Vauvenargues, famoso moralista francés, afirmó que «la soledad es al espíritu, lo que la dieta al cuerpo». La analogía es muy clara: la soledad es a veces dura de afrontar, pero a la larga resultamos fortalecidos y mejorados.

Muchas estrellas del cine, la televisión y el deporte han declarado públicamente que se sienten solas. «La fama siempre trae soledad. El éxito es tan frío como el hielo y solitario como el Polo Norte», escribió la novelista austriaca Vicki Baum.

La gran paradoja es que muchos de aquellos que se sienten solos buscan la fama y el éxito para ser más queridos. Sin embargo, como bien declaró la actriz Claire Danes, aclamada protagonista de la exitosa serie *Homeland*: «La fama no finaliza la soledad». Por el contrario, la mayor parte de las veces la incrementa, ya que el común de la gente ve a los famosos como seres inalcanzables y deja de intentar acercarse a ellos.

Otros famosos se sienten verdaderas deidades inalcanzables y crean muros a su alrededor. «La cura más segura para la vanidad es la soledad», dijo Tom Wolfe, periodista estadounidense y autor de *La hoguera de las vanidades*.

Las personas orgullosas, que tienen de sí mismas tan elevado concepto que consideran que nadie está a su altura, suelen terminar alejándose de los demás. Y al no tener a nadie que los idolatre a su alrededor les quedan solo dos opciones: quedarse en una soledad autoimpuesta o replantearse esa vanidad que los aisló de los demás.

También es cierto que hay profesiones que solo pueden ejercerlas las personas a las que les gusta estar solas. Un buen ejemplo de ello son los escritores. «Mi imaginación funciona mucho mejor cuando no tengo que hablar con la gente», confesó la novelista Patricia Highsmith, reconocida por sus libros de suspenso.

Por su parte, Aldous Huxley, el autor de *Un mundo feliz*, reverenciaba el hecho de estar solo: «Mientras más poderosa y original sea una mente, más se inclinará hacia la religión de la soledad». Para otros esto es una cuestión de autorespeto. «Me preocupo por *mí* misma. Cuanto más solitaria, menos amigos, mientras más insostenible sea, más me respetaré», pensaba la novelista británica Charlotte Brontë, autora de *Jane Eyre*. Y como lo sintetizara Jerzy Kosinski, célebre por su libro *Desde el jardín*: «Las reuniones y, simultáneamente, la soledad, son las condiciones de la vida de un escritor».

Ahora bien, como dije antes: no es lo mismo saber estar solo que mantenerse aislado. Otro poeta, el español Gustavo Adolfo Bécquer, decretó: «La soledad es muy hermosa cuando se tiene alguien a quien decírselo». Esa es, precisamente, la diferencia entre la soledad real y la soledad elegida. La soledad real, cuando no tenemos a nadie alrededor, es como vivir en una isla desierta. Puede soportarse un tiempo, pero con el paso de los días se torna intolerable. La soledad, elegida, en cambio, es como estar encerrado en una prisión sin llaves. Uno está solo, pero sabe que puede salir cuando se le antoje. Y por eso resulta absolutamente placentera y agradable.

Si bien la frase de George Washington: «Vale más estar solo que mal acompañado» es real, no hay que aferrarse a ella para dejar de interactuar con otras personas, ya que los seres humanos necesitamos del contacto con los demás.

«Nadie escogería una existencia sin amigos a cambio de tener todas las demás cosas en la vida», dijo Aristóteles en el siglo cuarto antes de Cristo. Y si en dicho momento esa era una verdad tan grande, no puede ser diferente ahora.

Vive en sociedad. Relaciónate. Estrecha la mano de un amigo. Dale un abrazo a tus seres queridos.

Disfruta de la soledad.

Anda solo.

Aprende solo.

Así te inspirarás a ti mismo e inspirarás a miles.

CAPÍTULO 55

MI DERECHO A SER LIBRE

Hay algo que he tenido que aprender en carne y hueso, con un dolor propio, y tiene que ver con eso de pensar de una cierta manera. Me he dado cuenta de que muchas veces no somos más que víctimas de nuestros propios patrones mentales y que ellos controlan de modo alarmante nuestras vidas. Patrones que promueven la costumbre y el hábito como manera segura de razonar y decidir. El poder del hábito. La omnipotencia de una costumbre. La costumbre de estar acostumbrados. El hábito de vivir habituados. Eso nos ha transformado en verdaderos animales de tradición, la cual tiene la capacidad de entontecer la creatividad, negándonos de esa forma a conocer lo nuevo, sorprendente y creativo.

Desde mis primeros días en la escuela, y aquella horrible experiencia de mojar mis pantalones con mi propia orina en plena clase y delante de mis crueles amigos, me acostumbré a la costumbre de vivir con vergüenza, agazaparme en público, retirarme de la escena, hacer del silencio mi mejor amigo, tener serias dificultades para hablar y preferir morir antes de hablar en público.

Siendo introvertido, antisocial, casi autista, me convencí en silencio de que mi vida estaría signada por el olvido, la intrascendencia y la vergüenza de no ser como los demás virtuosos de mi época. Ahora, en el marco de un silencio estremecedor frente al mar que me provoca seguir disfrutando de mis nostalgias, revivo sin heridas cada escena desde esos cinco años, emocionándome de ver al niño que fui y al hombre en el que me convertí.

Esta fue una lucha que precisé enfrentar. Tuvo su costo, pero también tuvo sus resultados increíbles. Mi lucha fue con un pensamiento, un hábito, una costumbre de verme de una forma y restarme méritos por eso, una batalla a fin de reconocer las posibilidades para trascender en la vida con algo más o menos importante que hacer. Alguien dijo que un hábito en la mente es como un surco por el que estamos acostumbrados a transitar diaria y obligadamente. Así que entendí que la clave era tener la suficiente valentía como para cambiar ese surco o forma limitante de pensar. Esa es la manera en la que piensan los esclavos. Ahora que lo considero, resultaba lógico y necesario que si algún día yo iba a trabajar ayudando a otros a obtener la libertad de sus propios y esclavizantes surcos mentales de inhabilidad y mediocridad, debía lograrlo primero.

Visto así el asunto, me di cuenta rápidamente de que la esclavitud significa demasiadas cosas y no quería a ninguna de ellas en el centro y teniendo el control de mi vida. Fue una decisión y luego una acción: «No seré mi propia limitación, ni un complejo sin solución. No me definiré por mis defectos, ni seré la burla de ningún señor, ni moriré como la desgracia de un profeta de la desazón».

Aprendí esto y con un inmenso gusto te lo quiero recordar hoy. No eres un esclavo. No eres un miserable sin derecho a ser feliz. La definición perfecta del esclavo es «alguien que no tiene». Nunca tiene. No posee nada. No tiene derechos, dinero, tiempo, sueños, casa, familia. Solo tienen dueños y son únicamente una propiedad de ellos. Esto hace que aunque el esclavo intente tener sueños, se resigne a la idea de que jamás disfrutará de la realización de lo que sueña.

Me di cuenta de que mi vergüenza había querido ser mi propietaria y que de cualquier forma trataría de lograr que no hiciera planes para mi futuro. Los esclavos no hacen planes para el porvenir, pues se han convencido de que en su futuro solo habrá más cadenas, más prisiones y más rejas.

¡Vaya que he sufrido por todo esto! Tal es así que la sola posibilidad de verme un día de pie frente a miles de personas fue más como el anestésico de un momento que una verdad que me cambiaría la vida algún día. No hace nada bien acostumbrarse a la costumbre de sufrir en silencio, llorar a escondidas y regurgitar de tanto en tanto algunas broncas con los dolores y sinsabores pertinentes. No me gustó mi suerte y me resistí a ser una víctima más. Me di cuenta de que en mis manos y principalmente en mi cabeza, en mi manera de pensar distinto sobre mí, estaba la clave para encontrar el camino y la razón a la que ofrendaría mi vida durante el resto de mis días.

Me dije: *Alguna vez se acabarán mis días de solo mirar, desear, callar y no lograr nada. Algún día me cansaré de oír "no puedes" y "no debes", y me hartaré de vivir "en la tierra de los imposibles". Llegará el día en que no pediré permiso para ser libre, porque me habré ganado el derecho de vivir y ser feliz mientras viva. Llegará el momento en que todos sabrán que es difícil que me rinda y logren doblegarme, y no será por una enfermiza grandilocuencia, sino por esa seguridad maravillosa de haber descubierto quién soy y para qué existo.*

¡Como han cambiado mis gestos! Aquel rictus de vergüenza y penumbra ha dejado de causar sus estragos en mi rostro. Mi mirada ya no está perdida, mis hombros no se ven caídos, no tengo cara de sepulcro, ni mis ojos ya están secos porque se han gastado todas sus lágrimas. En mi boca no se detecta un rictus que indica: ¡No puedo! Ni mis manos temen construir lo que se considera imposible.

Es que hay muchas maneras de pensar. Y esa forma patológica y costumbrista de pensar con respecto a mi vida y mis posibilidades para vivirla solo había logrado que decidiera quedarme sumido en mis propias vergüenzas y mis propias limitaciones, negándome la posibilidad del progreso y mejores días.

Así que si yo aprendí esto, tú también puedes hacerlo, y me estremezco al solo pensar que no quieras por lo menos intentarlo. No es otro el que prohíbe, somete, limita o no cree. No es Dios, tampoco el diablo ni ninguno de sus deformes demonios. Soy yo. Eres tú. Somos nosotros. Hay poder en nuestra forma de pensar.

Amarrado a tus limitaciones, limpiando y cuidando tus prisiones, durmiendo en tus cuevas con tus vergüenzas, jamás llegarás a conquistar tus sueños. No es verdad eso de que eres un «inútil para todo, y hábil para hacer nada», y si alguien o algunos se encargaron de decírtelo, tu respuesta no es aceptar lo que te gritan, sino exactamente todo lo contrario. Eres un ser libre. Fuiste creado libre. Nadie nace esclavo, ni inferior, ni mejor, ni peor. Nacemos y cada uno deberá decidir cómo vivirá de ahí en adelante.

Así son las cosas, no está mal que te resistas y presentes batalla en lo que respecta a esto. Será algo necesario para no continuar siendo prisionero de tus propias formas inoperantes de pensar sobre ti mismo. Puedes llegar más lejos y volar más alto, porque son las maneras de pensar las que determinan las acciones. Primero piensas y luego actúas. Lo que somos, soy y eres depende de una manera de pensar.

Lo que tuve que hacer fue mi tarea personal y privada. Y debe ser tu tarea también. De otro modo la celebración en la cumbre de algún desafío será un sueño que constantemente se disipe. Hay maneras y *maneras* de pensar, yo cambié la mía, y así transformé mi vida y me gané el derecho de vivir y ser feliz mientras viva.

CAPÍTULO 56

MI ÚLTIMO ACTO

«La muerte no existe, la gente solo muere cuando la olvidan;
si puedes recordarme, siempre estaré contigo».

−DEL LIBRO *EVA LUNA* DE ISABEL ALLENDE, ESCRITORA CHILENA

El final del día me encuentra sentado en mi silla de lona frente al océano en su marea baja, donde no solo evoco mis recuerdos, sino también reflexiono sobre el futuro. Todos sabemos que tarde o temprano llegará el momento final, el último acto de nuestras vidas. Sin embargo, vivimos como desafiando la naturaleza, creyendo que ese momento nunca va a ocurrir. O al menos, procuramos que llegue lo más tarde posible. Está claro que eso no depende de nosotros. No obstante, aun así nos creemos con la autoridad para imaginar que podemos decidir en cuanto al tema. Todos aspiramos a llegar a viejos estando sanos, pero tal cosa es una presunción.

Como sea, lo importante no es cuándo tenga lugar nuestro acto final, sino cómo llegaremos a ese suceso tan importante; a ese paso trascendental a otra instancia, otra vida, el más allá. Para darle respuesta a esto, recurro siempre a una frase que llevo tatuada en mi mente y mi alma, una máxima que todas las mañanas trato de recordarme para que mis decisiones y acciones giren alrededor de ella: «Vive como quieras que te recuerden».

Es así de simple y profundo a la vez. Podemos pasar desapercibidos o dejar huellas. Podemos ser ignorados o sembrar a nuestro paso. Pasaremos inadvertidos o nos recordarán con cuentos y miles de sonrisas. Será como tú elijas y dispongas. Ante cualquier circunstancia, ante el dolor, ante la injusticia, ante cualquier situación dramática, siempre habrá otro punto de vista, otra forma de considerar las cosas. El dolor no se elige, el sufrimiento sí. El día que entendamos que lo único que nos vamos a llevar es lo que vivimos, empezaremos a vivir según lo que nos queramos llevar.

Tenemos la costumbre de creer que vamos a tener tiempo de hacer balances, de poder despedirnos de nuestros seres queridos, de llegar al final con salud y, si nos dan a elegir, partir de noche mientras dormimos. ¡Qué fácil sería si todo fuera tan previsible! Pero no, amigo. La vida te da sorpresas, sorpresas te da la vida, como decía Ruben Blades. La vida te da de las bellas y de las no tan bellas.

Así que no ejecutes balances anuales, hazlos a diario. De ese modo tendrás a flor de piel lo que has hecho bien y lo que no has podido realizar. No esperes a estar en una situación extrema para decirle a quien tienes a tu alrededor lo que sientes por él o ella. Díselo todos los días. Está comprobado que las frases «Te amo» o «Te quiero» o «Te necesito» no sufren desgaste alguno al ser utilizadas con asiduidad. ¡Pues entonces, dilas! No esperes a tener un problema de salud para cuidarte. No esperes tanto. Actúa. Eso es ser previsible. Las buenas historias, la vida de aquellas personas admiradas y recordadas, no fueron hechas en base a promesas, sino a acciones concretas.

De todas maneras, me he propuesto sugerir una serie de condiciones para cuando llegue mi momento final, mi fiesta de despedida. Tengo ya pautados los lineamientos básicos para mi funeral. Por lo general, no comparto ninguna de las fórmulas actuales utilizadas en los velorios y funerales habituales. Todo lo contrario, los velorios me generan una sensación de angustia extrema. Hasta el término «funeral» me proporciona un sabor amargo. Por eso le llamo «fiesta de despedida», ya que debe ser eso, una fiesta (o una reunión de egresados, para los más conservadores).

De modo que me he colocado en tal situación, me he imaginado el suceso, y he planificado algunas cláusulas. Hasta he visualizado a muchos de los que irían a despedirme. Quiero que sea algo distinto, triste y alegre a la vez. Algo innovador, pero no por la condición de ser original, sino por el deseo de entender que así es la vida, que estamos de paso y que anhelo ser recordado con una sonrisa (ya lo dije antes: «Vive como quieres que te recuerden»). Deseo que mi funeral resulte un acontecimiento donde el dolor sea parte de un todo, no lo único.

Para empezar, nada de cajas ni ataúdes. Mi cuerpo ya no es cuerpo. De otro modo, estaría mezclado con los demás. Si hubiera un ataúd, sentiría que fui un hombre común. Prefiero una foto en la cabecera de la iglesia en lo posible, pues las casas velatorias no son de mi deleite, en absoluto.

Otro punto muy importante: no puede faltar la música. La música me acompañó en los momentos más importantes de mi vida, ¿cómo va a estar entonces ausente en el momento final? Si algunos de los presentes se animan a cantar en vivo, bienvenido sea. Quiero charlas, risas. Quiero escuchar anécdotas e historias de nuestros encuentros, quiero que lleven cosas para comer y beber. Que recuerden algunas de mis frases, que rememoren mis viejos chistes sobre las suegras. Que alguno se ría a carcajadas recordando como me gustaba provocar a los religiosos.

Que digan que fui un provocador, algo exótico, pero auténtico. Tampoco me molestaría que alguien pusiera en duda mi cordura.

Que digan: «Fue un hombre que trató de inspirar a su generación», nada menos, como me lo propuse a los diecinueve años cuando alguien me preguntó qué epitafio quería que colocaran en mi tumba. Visto así, el hecho de haber realizado el intento hará que tal frase esté bien para mi memorial.

Que digan que fueron inspirados de algún modo, con algún mensaje, un libro, o porque me vieron en la televisión. Que digan que estuve aquí, que no pasé inadvertido. Eso ya es un lujo para unos pocos.

Como dijera Steve Jobs: «El recordar que estaré muerto pronto es la herramienta más importante que he encontrado para ayudarme a tomar las grandes decisiones en la vida. Porque casi todo —todas las expectativas externas, todo el orgullo, todo temor a la vergüenza o al fracaso— todas estas cosas simplemente desaparecen al enfrentar la muerte, dejando solo lo que es verdaderamente importante. Recordar que uno va a morir es la mejor manera que conozco para evitar la trampa de pensar que hay algo por perder. Ya se está indefenso. No hay razón alguna para no seguir los consejos del corazón».

Así que deseo una auténtica fiesta para mi partida.

De algún modo, yo estaré allí, entre los asistentes.

Y lloraremos juntos.

Pero de alegría.

Así será mi último acto.

ACERCA DEL AUTOR

Dante Gebel es un reconocido conferencista, orador, actor y conductor de televisión. Es el pastor de River Arena en Anaheim, California, una de las iglesias de mayor crecimiento en el mundo hispano.

Su programa *Dante Gebel Live* emite sus conferencias a canales de todo el mundo. Además, conduce y produce un programa nocturno que se trasmite de costa a costa en los Estados Unidos llamado *Dante Night Show*, donde lleva a cabo monólogos humorísticos acerca de la vida cotidiana, entrevistas a famosos y reflexiones.

Dante ha escrito varios libros anteriores: *El código del campeón*; *Pasión de multitudes*; *Las arenas del alma*; *Monólogos de Dante Gebel*; *Los mejores mensajes I y II*; *Destinado al éxito* y *El amor en los tiempos del Facebook*.

Ha realizado varios espectáculos multitudinarios en diferentes estadios de Latinoamérica, a los que les llama «Superclásicos de la Juventud».

Gebel es reconocido en el mundo hispano como uno de los oradores más extraordinarios enfocados en la juventud y la familia, capaz de conducir al público por las más fascinantes historias que van desde las risas hasta las lágrimas, siendo llamado por la prensa «el pastor de los jóvenes».

Dante reside en Anaheim Hills, Estados Unidos, está casado con Liliana y tienen cuatro hijos: Brian, Kevin, Jason y Megan.

www.dantegebel.com

www.riverchurch.org